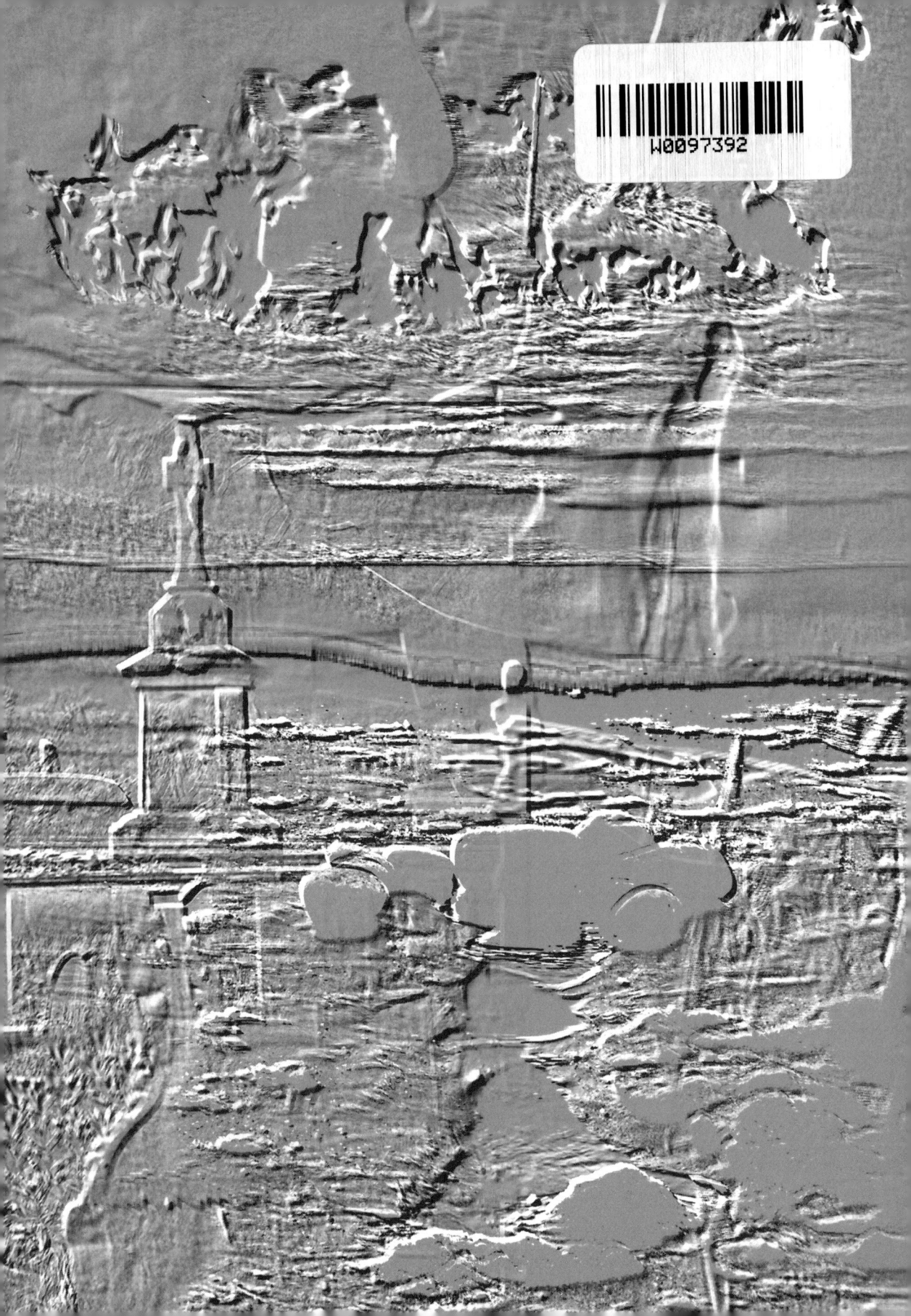

Mathias Jung

Träume

Botschaften des Unbewussten

Mit Illustrationen
von Andrea Montermann

Wir sind aus solchem Zeug, wie das zu Träumen,
Und Träume schlagen so die Augen auf
Wie kleine Kinder unter Kirschenbäumen.

Aus deren Krone des blassgoldenen Lauf
Der Vollmond anhebt durch die große Nacht.
Nicht anders tauchen unsere Träume auf,

Sind da und leben wie ein Kind, das lacht,
Nicht minder groß im Auf- und Niederschweben
Als Vollmond, aus Baumkronen aufgewacht.

Das Innerste ist offen ihrem Weben,
Wie Geisterhände in versperrtem Raum
Sind sie in uns und haben immer Leben.

Und drei sind Eins:
Ein Mensch, ein Ding, ein Traum.

Hugo von Hofmannsthal
Terzinen über Vergänglichkeit

Mathias Jung

Träume

Botschaften des Unbewussten

Mit Illustrationen
von Andrea Montermann

Inhalt

Geschenke der Nacht
Von Gilgamesch bis John Lennon   6

Die Grammatik der Seele
Sigmund Freud und Carl Gustav Jung   20

Entwicklungsträume
Pfade der Zukunft   36

Die Peitsche der inneren Gebote   50

Erotische Träume
Sex oder Die Dogge im Frack   64

Todesträume
Vom Sterben und Werden   76

Ende oder Neuanfang?
Wenn Paare träumen   90

Die Hohe Schule des Traumes
Klarträume gegen Albträume   100

Nietzsches Morgentraum
Kühner Segler, Windsbraut   114

Geschenke der Nacht
Von Gilgamesch bis John Lennon

Was die Brust im Wachen enget,
aber treu verschließt der Mund,
hat der Schlaf das Band gesprenget,
tut es sich in Träumen kund.

Grillparzer
Melusina

„Träume sind Schäume", meint der Volksmund. Tatsächlich erscheinen diese Geister der Nacht oft bizarr, chaotisch, kaum deutbar. Manchmal sind es Illusionen und Wunschgebilde, aus denen wir schmerzhaft erwachen. Der Romancier Anthony de Mello beschreibt so einen Fluchttraum aus der bösen Wirklichkeit (in: *Ausbruch aus dem Leben ohne Gitter oder Leben ist mehr*, 2008):

„Es ist wie mit dem Landstreicher in London, der sich für die Nacht einrichtete. Kaum eine Brotkruste hatte er zu essen bekommen. Er erreichte das Ufer der Themse. Im leichten Nieselregen zog er seinen zerschlissenen Mantel fester um sich. Er wollte gerade einschlafen, als auf einmal ein Rolls Royce mit Chauffeur anhielt. Eine schöne junge Dame stieg aus und sagte zu ihm: ‚Sie armer Mann, wollen Sie etwa hier die Nacht am Ufer verbringen?' Darauf erwiderte der Landstreicher: ‚Ja.' Die Frau entgegnete: ‚Das werde ich nicht zulassen. Sie kommen mit in mein Haus und werden dort bequem übernachten, nachdem Sie gut zu Abend gegessen haben.' Sie bestand darauf, dass er einstieg.

Also fuhren sie aus London hinaus und kamen zu einer großen Villa in einem weiten Park. Dem Butler, der sie ins Haus führte, sagte die Dame: ‚James, sorgen Sie bitte dafür, dass er ein Dienstbotenzimmer bekommt und dass es ihm an nichts fehlt.' James tat, wie ihm geheißen. Die junge Dame hatte bereits die Kleider abgelegt, um ins Bett zu gehen, als ihr plötzlich wieder der Übernachtungsgast einfiel. Also zog sie sich etwas über und ging den Gang entlang zu den Dienstbotenzimmern. Unter der Tür des Landstreichers fiel ein Lichtstreifen hindurch. Sie klopfte behutsam an die Tür, öffnete sie und sah, dass der Mann noch wach war. Sie sagte zu ihm: ‚Was ist, guter Mann, haben Sie kein rechtes Essen bekommen?' Darauf erwiderte er: ‚In meinem ganzen Leben habe ich noch kein besseres Essen gehabt, meine Dame.' – ‚Haben Sie es warm genug?' – ‚Ja, ein schönes, warmes Bett.' – ‚Vielleicht brauchen Sie ein bisschen Gesellschaft. Wollen Sie nicht ein Viertelstündchen zu mir herüber kommen?' Dann rückte sie näher zu ihm, und er rutschte näher zu ihr und fiel genau in die Themse."

Eines ist sicher, das Gehirn schläft nicht. Es ist eine Art Fabrik, die in der Nacht einen Notbetrieb aufrechterhält. Es vermag sogar, aktuelle Sinnesreize in den Traum zu integrieren: Ich träume, dass ich in einen Brunnen falle und mir das Wasser bereits bis zum Hals steht. Tatsächlich habe ich im Schlaf ein Glas Wasser auf dem Nachttisch umgestoßen, und es rinnt mir gerade in die Pyjamajacke. Der Traum ist in diesem Sinn der „Hüter des Schlafes" (Freud), indem er Nässe, Lärm oder einen flüchtigen Schmerz und körperliche Unruhe in sich einarbeitet. Viel zitiert wird der Albtraum des berühmten französischen Traumforschers Alfred Maury aus der Mitte des 19. Jahrhunderts. Er hatte sich zurück in die Französische Revolution geträumt. Er stand vor dem Revolutionsgericht. Robespierre verurteilte ihn zum Tode. Als das Fallbeil der Guillotine den Nacken des Wissenschaftlers traf, erwachte er – eine Vorhangschiene war ihm ins Genick gefallen.

Träume sind also alles andere als einfach. Sie sind so jäh und so langatmig, so alarmierend und unverständlich, so grausam und so tröstlich wie das Leben selbst. Sigmund Freud, der Pionier der Traumforschung, schreibt in seinem Jahrhundertwerk *Die Traumdeutung* (1900): „Was die Dimension der Träume anbelangt, so gibt es sehr kurze, die nur ein Bild oder wenige, die einen Gedanken, ja nur ein Wort enthalten; andere, die ungemein reich an Inhalt sind, ganze Romane aufführen und lange zu dauern scheinen. Es gibt Träume, die so deutlich sind wie das wache Erleben, so deutlich, dass wir sie eine Zeitlang nach dem Erwachen noch nicht als Träume erkennen; andere, die unsäglich schwach sind, schattenhaft und verschwommen, ja in ein und demselben Traum können die überstarken und die kaum fassbaren und undeutlichen Partien miteinander abwechseln. Träume können ganz sinnvoll sein oder wenigstens kohärent (zusammenhängend – M. J.), ja sogar geistreich, fantastisch schön; andere wiederum sind verworren, wie schwachsinnig, absurd, oft geradezu toll.

Es gibt Träume, die uns ganz kalt lassen, andere, in denen alle Affekte laut werden, ein Schmerz bis zum Weinen, eine Angst bis zum Erwachen, Verwunderung, Entzücken. Träume werden meist nach dem Erwachen rasch vergessen, oder sie halten sich einen Tag lang in der Weise, dass sie bis zum Abend immer mehr blass und lückenhaft erinnert werden; andere erhalten sich so gut, z. B. Kindheitsträume, dass sie dreißig Jahre später wie frisches Erleben vor dem Gedächtnis stehen. Träume können wie die Individuen ein einziges Mal auftreten, niemals wieder, oder sie wiederholen sich bei derselben Person unverändert oder mit kleinen Abweichungen. Kurz, dies bisschen nächtliche Seelentätigkeit verfügt über ein riesiges Repertoire, kann eigentlich noch alles, was die Seele bei Tag schafft, aber es ist doch nie dasselbe."

Die Menschheit hat Träume seit Urzeiten als die Geschenke der Nacht gewürdigt. Im Gilgamesch-Epos, rund dreitausend Jahre vor Christus geschrieben, kämpft der König Gilgamesch im Traum mit einem Stern, der vom Himmel gefallen ist:

„Ich hob einen an, doch er war zu stark über mir.
Ich brachte ihn immer wieder zum Wanken, doch gelingt es
mir nicht, ihn zu entfernen (…)
Ich liebte ihn wie eine Gattin und liebkoste ihn.
Ich hob ihn hoch und warf ihn dann dir zu Füßen. Du aber wirst ihn mit mir auf eine Stufe stellen."

Die Angesprochene ist seine Mutter, Ninsunna. Sie unterzieht sich der Traumanalyse. Gilgamesch, sagt sie, werde einen starken Gefährten und Geliebten bekommen, nämlich den von den Wildtieren der Steppe großgezogenen Helden Enkidu. Hier, wie in der Antike insgesamt, ist der Traum meist von den Göttern gesandt.

Bei den Ägyptern gab es Serapis, den Gott des Traumes. Griechen und Römer kannten Traumbücher. Im zweiten nachchristlichen Jahrhundert schrieb der Grieche Artemidor von Dalis einen fünfbändigen Klassiker zur Traumdeutung. Träume galten lange Zeit als prophetisch oder heilend. Um in den Genuss von Traum und Heilschlaf zu kommen, pilgerten die Griechen, wenn sie körperlich oder seelisch krank waren, zum Asklepiäum. Die Heilschlafstätte war dem Asklepios, dem Sohn des Apollon und Gott der Heilkunst, geweiht. Träume galten als wichtig. In den rund dreihundert Tempeln des Asklepios wuschen sich die Pilger, zogen neue Kleider an, legten sich mit einem Schlaftrunk nieder und warteten, bis ihnen Asklepios im Traum erscheine und ihnen einen neuen Lebensraum eröffne. Die Griechen waren begnadete Traumfänger.

Schon in Homers *Odyssee* (im 8. Jahrhundert v. u. Z.) deutet sich das an. Im 19. Gesang kehrt der Irrfahrer Odysseus nach dem Trojanischen Krieg in der Gestalt eines abgerissenen Bettlers zu Penelope zurück. Penelope zeigt sich seltsam fasziniert von dem Fremden. Sie erzählt ihm einen Traum, den sie nicht versteht. Sie beherberge zwanzig Gänse in dem Palast, „deren Anblick sie erheitert". Im Traum sei, zu ihrem Schmerz, ein krummgeschnäbelter Adler gekommen und habe sie alle getötet. Sie habe geweint. Daraufhin sei der Adler zurückgekehrt und habe ihr mit menschlicher Stimme verkündet:

„Fasse nur Mut, des weit berühmten Ikarios Tochter!
Dies ist nicht Traum, sondern Wirklichkeit, die dir sich erfülle.
Jene Gänse, das sind die Freier; ich, der aber vorher
Adler war, bin nun als dein Gatte wiedergekommen;
All den Freiern werd ich ein schmähliches Ende bereiten.'
Also sprach er, doch mich verließ der erquickende Schlummer.
Und ich spähte umher und sah in den Hallen die Gänse
Wie zuvor am Trog entlang den Weizen verzehren."

Der Bettler alias Odysseus bestätigt die Prophezeiung des Adlers. Odysseus wird die schamlosen Freier allesamt erschlagen. Aber Penelope bleibt skeptisch. Sie wendet ein:

„Träume, wahrlich o Fremder, sind unbegreiflich und unklar,
Und nicht alles, was sie verkünden, geht in Erfüllung."

Die Skepsis der klugen Penelope ist nicht von ungefähr. Offensichtlich traut sie den Göttern und ihren mystischen Adlern nicht so ganz. Damit nimmt sie die Kehrtwende der Traumdeutung in der rund fünfhundert Jahre späteren griechischen Aufklärung vorweg. Aristoteles (384–322 v. Chr.) war es, der den Traum nicht länger als Götterbotschaft, sondern als Seelenbotschaft deutete. Der Traum ist nicht länger eine direkte Weissagung (*chrematismos, oraculum*), auch nicht ein Voraussagen eines bevorstehenden Ereignisses (*horama, visio*), sondern ein symbolisches, der Auslegung bedürftiges Geschehen (*oneiros, somnium*). Der Mensch selbst ist verantwortlich für sein Tun. Die Träume sind seine Helfer. Sie handeln nach Aristoteles vom schicksalhaft Anstehenden und Zukünftigen. Der Traum gehört, so könnte man mit Aristoteles sagen, zur *Entelechie* (*en-telos*, Ziel in sich) des Menschen, seiner Fähigkeit zur Individuation. Träume sind, so gesehen, Keime des Künftigen. Der Dramatiker Franz Grillparzer (1791–1872) sagt es (in: *Der Traum, ein Leben*) so:

*„Doch vergiss es nicht: Die Träume
sie erschaffen nicht die Wünsche
die vorhandenen wecken sie,
und was jetzt verscheucht der Morgen,
lag als Keim in dir verborgen."*

Einen so genannten *Wahrtraum* offeriert der biblische Josef, wie wir wissen, seinen elf Brüdern. Der Traum ist pikant, weil er sich ganz und gar narzisstisch anhört. Immerhin ist Josef Jakobs Liebling. Seine Lieblingsfrau Rahel, um die er so lange werben musste, hat ihm Josef im hohen Alter geboren. Der Vater hegt eine wahre Affenliebe zu seinem Jüngsten. Die Brüder, derbe Erdenklöße und Hirten, hassen den Feingliedrigen und Überlegenen. Hass ist enttäuschte Liebe. Josef treibt seine Geschwister, wie die Bibel berichtet, allerdings bis zur Weißglut:

„Einst hatte Josef einen Traum. Als er ihn seinen Brüdern erzählte, hassten sie ihn noch mehr. Er sagte zu ihnen: ‚Hört, was ich geträumt habe. Wir banden Garben mitten auf dem Feld. Meine Garbe richtete sich auf und blieb auch stehen. Eure Garben umringten sie und neigten sich tief vor meiner Garbe.' Da sagten seine Brüder zu ihm: ‚Willst du etwa König über uns werden oder dich als Herr über uns aufspielen?' Und sie hassten ihn noch mehr wegen seiner Träume und seiner Worte. Er hatte noch einen anderen Traum. Er erzählte ihn seinen Brüdern und sagte: ‚Ich träumte noch einmal: Die Sonne, der Mond und elf Sterne verneigten sich tief vor mir.' Als er davon seinem Vater und seinen Brüdern erzählte, schalt ihn sein Vater und sagte zu ihm: ‚Was soll das, was du da geträumt hast? Sollen wir vielleicht, ich, deine Mutter und deine Brüder, kommen und uns vor dir zur Erde niederwerfen?' Seine Brüder waren eifersüchtig auf ihn, sein Vater aber vergaß die Sache nicht."

Träume sind zart wie Seifenblasen, sagt man. Hier sind sie nachgerade gusseiserne Manifeste eines seherischen Selbstbewusstseins. Einmal symbolisiert sich der Träumer als aufrecht stehende Garbe im Mittelpunkt und die sich vor ihm tief verneigenden Garben als seine Brüder. Das andere Mal machen Vater und Mutter als Sonne und Mond und die Brüder als Sterne devot den Kotau vor ihm. Jahre später, so erfahren wir aus dem großen mythischen Erzählwerk der Bibel, ist Josef zum Minister für Landwirtschaft und Getreide in Ägypten avanciert. Die Brüder kommen um Getreide bittend. Sie verneigen sich vor ihm, ohne ihn zu erkennen. Der mächtig gewordene Josef muss sie sogar davon abhalten, sich bittend vor ihm auf die Erde zu werfen ...

Josef erweist sich aber nicht nur als ein gesegneter Träumer, sondern auch als ein genialer Traumdeuter in Gottes Auftrag. Zu diesem Zeitpunkt sitzt er, widriger Umstände halber mit der liebestollen Madame Potiphar, im Gefängnis. Zwei hohe Beamte, die beim Pharao in Ungnade gefallen sind, wenden sich mit ihren Träumen an den genialen Mitgefangenen: „Wir hatten einen Traum, aber es ist keiner da, der ihn auslegen kann. Josef sagte zu ihnen: Ist nicht das Träumedeuten Sache Gottes? Erzählt mir doch."

Dem ersten Ministerialen prognostiziert er durch die Traumdeutung die Wiederherstellung seiner Ehre, dem zweiten die Todesstrafe. Genau das widerfährt beiden.

„Unsere Träume", notiert Friedrich Nietzsche (in *Menschliches, Allzumenschliches*), „sind symbolische Bilder-Ketten anstelle einer Dichtersprache." Das spiegelt sich in dem berühmten Traum, den der Pharao Josef zur Deutung aufgibt. Das Alte Testament reiht diese „Bilder-Kette" erzählerisch anmutig auf: „Aus dem Nil stiegen sieben gut aussehende, wohlgenährte Kühe und weideten im Riedgras. Nach ihnen stiegen sieben andere Kühe aus dem Nil, sie sahen hässlich aus und waren mager. Sie stellten sich neben die schon am Nilufer stehenden Kühe, und die hässlichen mageren Kühe fraßen die sieben gut aussehenden und wohlgenährten Kühe auf. Dann erwachte der Pharao. Er schlief aber wieder ein und träumte ein zweites Mal. An einem einzigen Halm wuchsen sieben Ähren, prall und schön. Nach ihnen wuchsen sieben kümmerliche, vom Ostwind ausgedörrte Ähren. Die kümmerlichen Ähren verschlangen die sieben prallen, vollen Ähren." Der Pharao wachte auf. Es war nur ein Traum, doch bis zum Morgen fühlte er sich beunruhigt; er ließ alle Wahrsager und Weisen Ägyptens rufen. Der Pharao erzählte ihnen seine Träume. Doch keiner war da, der sie ihm hätte deuten können.

Der aus dem Gefängnis geholte Josef kann es. Aber der fromme Jüngling schränkt ein: „Nicht ich, sondern Gott wird zum Wohl des Pharao eine Antwort geben." Analog den ägyptischen Traumbüchern deutet er Pharaos Träume als die Hieroglyphen Gottes, lesbar allein für den Berufenen. Da heißt es: „Der Traum des Pharao ist ein und derselbe. Gott sagt dem Pharao an, was er vorhat. Die sieben schönen Kühe sind sieben Jahre, und die sieben schönen Ähren sind sieben Jahre. Es ist ein und derselbe Traum. Die sieben mageren und hässlichen Kühe sind sieben Jahre, und die sieben leeren Ähren sind sieben Jahre Hungersnot. Das ist es, was ich meinte, als ich zum Pharao sagte: Gott ließ den Pharao sehen, was er vorhat."

Die deutschen Romantiker kreierten drei Jahrtausende später eine nächtliche Traumwelt als der Wahrheit tiefsten Seelengrund und gegen die Entzauberung der Welt durch die Wissenschaft. Novalis ließ seinen Heinrich von Ofterdingen von der „Blauen Blume" träumen. Es ist eine Art säkularisiertes göttliches Gesicht, das dem jungen Heinrich die dichterische Zunge löst. Am Rande einer Quelle sieht der Träumer die Wunderblume: „Rund um sie her standen unzählige Blumen von allen Farben, und der köstlichste Geruch erfüllte die Luft. Er sah nichts als die blaue Blume, betrachtete sie lange mit unnennbarer Zärtlichkeit. Endlich wollte er sich ihr nähern, als sie auf einmal sich zu bewegen und zu verändern schien. Die Blätter wurden glänzender und schmiegten sich an den wachsenden Stängel, die Blume neigte sich nach ihm zu, und die Blütenblätter zeigten einen blauen ausgebreiteten Kragen, in welchem ein zartes Gesicht schwebte. Sein Staunen wuchs mit der sonderbaren Verwandlung, als ihn plötzlich die Stimme seiner Mutter weckte und er sich in der elterlichen Stube fand, die schon die Morgensonne vergoldete."

Heinrichs Mutter, eine wackere Anwältin des gesunden Menschenverstandes, hält den romantischen Traum für eine reine physiologische Reaktion („Du hast dich gewiss auf den Rücken gelegt"). Der Vater, ein Kaufmann und Rationalist, hält die Traumgesichter der Bibel für fromme Relikte vorwissenschaftlicher Zeiten. Novalis, der Dichter selbst, ist anderer Auffassung. In einem seiner Aphorismen formuliert er das romantische Credo so: „Ist nicht jeder, auch der verworrenste Traum, eine sonderliche Erscheinung, die, auch ohne noch an göttliche Schickung dabei zu denken, ein bedeutsamer Riss in dem geheimnisvollen Vorhang ist, der mit tausend Falten in unser Inneres hereinfällt?" Seinem Heinrich von Ofterdingen legt er die hübschen Worte in den Mund: „Mich dünkt der Traum eine Schutzwehr gegen die Regelmäßigkeit und Gewöhnlichkeit des Lebens, eine freie Erholung der gebundenen Phantasie, wo sie alle Bilder des Lebens durcheinanderwirft und die beständige Ernsthaftigkeit des erwachsenen Menschen durch ein fröhliches Kinderspiel unterbricht. Ohne die Träume würden wir gewiss früher alt."

In poetischen Bildern beschworen die Romantiker die Sprache der Träume als die Werkstatt der Seele. Sie erhofften sich davon die Heilung einer kommerzialisierten, lieblos gewordenen Welt. Novalis fasste diese Utopie eines wiedergefundenen seeleninnigen Seins im zweiten Teil seines Ofterdingen-Romans in die Worte: „Wenn nicht mehr Zahlen und Figuren/sind Schlüssel aller Kreaturen (...)/und man in Märchen und Gedichten/erkennt die wahren Weltgeschichten,/dann fliegt vor einem geheimen Wort/das ganze verkehrte Wesen fort."

Es war die Ahnung vom Unbewussten, was die romantische Poesie, die Philosophie eines Friedrich Schelling (1775–1854) und die Medizin eines Carl Gustav Carus (1789–1842) umtrieb. Sigmund Freud, geschult an der tiefenpsychologischen Philosophie Arthur Schopenhauers (1788–1860) und Friedrich Nietzsches (1844–1900), hob es am Ende des gleichen Jahrhunderts dann an das Tageslicht der Wissenschaft. „Das Unbewusste", schrieb er (in *Die Traumdeutung*), „muss als allgemeine Basis des psychischen Lebens angenommen werden. Das Unbewusste ist der größere Kreis, der den kleineren des Bewussten in sich einschließt." Freud betont, „dass der Traum uns in Tiefen und Falten unseres Wesens blicken lässt, die uns im Zustand des Wachens meist verschlossen bleiben".

Die Geschenke der Nacht sind nicht selten Danaergeschenke. Dem hölzernen Pferd der Griechen gleich entsteigen nächtlings die todbringenden Krieger. Das im Wachzustand Verdrängte klettert durch das Fenster des Traumes wieder in das Bewusstsein. Eine schauerliche Ahnung davon vermittelt uns Thomas Mann im *Zauberberg* (1929) gleich zu Beginn dieses monumentalen Romanwerks um Leben und Tod. Hans Castorp, der etwas indifferente jugendliche hanseatische Held, trifft nach eintägiger Zugfahrt im Lungensanatorium in Davos ein. Sein tuberkulöser Cousin Joachim Ziemßen führt ihn auf sein Zimmer, in dem eine amerikanische Patientin, wie Ziemßen gleichgültig anmerkt, zwei Tage zuvor verstorben ist. Auf dem Flur hört Hans Castorp hinter einer Zimmertür ein leises, aber penetrantes Geräusch, „ein Husten ganz ohne Lust und Liebe, das nicht in richtigen Stößen geschah, sondern nur wie ein Wühlen im Brei organischer Auflösung klang". Das sei, so erläutert ihm Ziemßen burschikos, „der Herrenreiter"; er liege in den letzten Zügen. Beim Abendessen erzählt Joachim Ziemßen wohlgelaunt vom „Leben hier oben". Die Leichen der verstorbenen Sanatoriumsgäste würden, so plaudert er, frühmorgens im Schutz der Dunkelheit auf Bobschlitten zu Tale transportiert. Dann liegt Castorp im Totenbett der Amerikanerin und erwartet nach den Mühen der Reise den erholsamen Schlaf. Stattdessen meldet sich ein Albtraum, der zum ersten Mal und weit vor den dramatischen Ereignissen Castorps verborgene Angst und mutmaßende Einsicht offenlegt:

„Aber sobald er eingeschlafen war, begann er zu träumen und träumte fast unaufhörlich bis zum nächsten Morgen. Hauptsächlich sah er Joachim Ziemßen in sonderbar verrenkter Lage auf einem Bobschlitten eine schräge Bahn hinabfahren. Er war so phosphorizierend bleich ..., und vorneauf saß der Herrenreiter, der sehr unbestimmt aussah, wie jemand, den man lediglich hat husten hören, und lenkte. ‚Das ist uns doch ganz einerlei, – uns hier oben', sagte der verrenkte Joachim, und dann war er es, nicht der Herrenreiter, der so grauenhaft breiig hustete. Darüber musste Hans Castorp bitterlich weinen …". Tausend Seiten später weint Castorp am Totenbett seines Cousins.

Diese Ahnung und Verdrängung meinte auch Carl Gustav Jung, wenn er (in *Symbole und Traumdeutung*, 1961) erklärt: „Träume bereiten auf bestimmte Situationen vor, kündigen sie an oder warnen vor ihnen, oft lange bevor sie wirkliche Tatsache werden. Dies ist nicht unbedingt ein Wunder oder eine Vorahnung. Die meisten kritischen oder gefährlichen Situationen haben eine lange Inkubationszeit, nur das Bewusstsein weiß nichts davon. Aber die Träume können das Geheimnis preisgeben." Jung warnt davor, die Träume zu unterschätzen: „Man kann es sich nicht leisten, im Umgang mit Träumen naiv zu sein. Sie gehen aus einem Geiste hervor, der nicht ganz menschlich, sondern eher ein Hauch der Natur ist, jener schönen und freigebigen, aber auch grausamen Göttin."

Träume lassen sich nicht erzwingen, aber auch nicht schönen. Die durch Suizid aus dem Leben gegangene englische Kultschriftstellerin Sylvia Plath rückt in ihrer Kurzgeschichte *Das Wunschkästchen* (in *Die Bibel der Träume*, 1952) die Diskrepanz in den Träumen eines Mittelstandsehepaars tragisch-komisch ins Bild. Die schwache Heldin Agnes Higgins kämpft „gegen die merkwürdige Eifersucht, die in ihr wie ein dunkler, bösartiger Krebs seit ihrer Hochzeitsnacht vor drei Monaten gewachsen war, als sie zum ersten Mal in Harolds Träume Einblick bekommen hatte … Sie fühlte sich ausgeschlossen. Es war, als brächte Harold ein Drittel seines Lebens mit bedeutenden Menschen und märchenhaft legendären Wesen in einer anregenden Welt zu, von der Agnes auf ewig verbannt war, außer wenn er davon erzählte."

Der gelernte Buchhalter Harold kultiviert seine Träume als „überaus sorgfältige Kunstwerke", in denen er Dichtern und weißen Leoparden begegnet, sich in einer wunderschönen Wüste wiederfindet, „ganz rot und violett, in der jedes einzelne Sandkorn wie ein Rubin oder wie Saphire schimmerte".

Agnes selbst träumt eher schemenhaft, düster und erzählerisch anspruchslos: „Dunkle, drohende Landschaften, bevölkert von unheilvollen, undeutlichen Gestalten. Sie konnte sich nie an Einzelheiten dieser Albträume erinnern, da sie ihre Schatten schon beim Wachwerden verlor. Zurück blieb nur das undeutliche Gefühl einer erstickenden, gewitterträchtigen Atmosphäre, das sie den ganzen Tag über bedrohlich verfolgte. Agnes schämte sich viel zu sehr, als dass sie Harold gegenüber diese bruchstückhaften Schreckensszenen erwähnt hätte, aus Furcht, sie würden ihre bescheidene Fantasie überdeutlich widerspiegeln. Ihre wenigen und sich nur in großen Abständen einstellenden Träume schienen so sachlich, so langweilig im Vergleich mit den prunkvollen, königlich-barocken Träumen Harolds."

Harold träumt auf hohem Niveau weiter. Agnes versucht mit Kinobesuchen, Fernseh-Orgien, tranceartigem Lesen und wachsendem Sherry-Konsum kunstvolle Träume zu stimulieren: „Wenn der visionäre Sherry-Nebel verschwunden war, lag sie verkrampft und grauenhaft nüchtern im Bett und krallte die Finger in die Bettlaken, während Harold sich schon längst, friedlich und regelmäßig atmend, in einem seiner wunderbaren Abenteuer befand. Mit nacktem, zunehmendem Grauen lag Agnes Nacht für Nacht hellwach, und was noch schlimmer war: Sie wurde nicht mehr müde ... Sie sah eine unerträgliche, endlose Folge wacher, gesichtsloser Tage und Nächte vor sich ...".

Mit schwarzem Humor beschreibt Sylvia Plath das Finale. Agnes lässt sich eine Schachtel mit fünfzig Schlaftabletten verschreiben: „Zwei Tage später, als Harold von der Arbeit zurückkam (er hatte während der einstündigen Bahnfahrt nach Hause die Augen geschlossen, als ob er schliefe, während er in Wirklichkeit auf einem zweimastigen Segelschiff mit kirschrotem

Trapezsegel einen leuchtenden Fluss hinauffuhr, wo Herden weißer Elefanten im Schatten maurischer Türme aus vielfarbigem Glas durch die kristallene Oberfläche des Wassers brachen), fand er Agnes auf dem Sofa im Wohnzimmer liegend, sie trug ihr Lieblingskleid aus smaragdgrünem Taft und war bleich und lieblich wie eine erblühte Lilie. Ihre Augen waren geschlossen, eine leere Pillenschachtel und ein umgefallener Wasserkrug lagen auf dem Teppich neben ihr. Auf ihrem friedlichen Gesicht lag ein feines, heimliches Lächeln des Triumphes, als ob sie endlich in einem fernen Land, unerreichbar für die Sterblichen, mit dem dunklen Prinzen im roten Cape, dem Prinzen ihrer früheren Träume, Walzer tanzte."

Träume sind nicht einfach Mülleimer für den Abfall des Bewusstseins. Sie sind nicht bloß gehirnphysiologische Exkremente. Sie sind, wie das ahnungsvolle Traumwissen der unglücklichen Antiheldin Agnes Higgins, Botschaften des Unbewussten. Verena Kast resümiert (in *Träume. Die geheimnisvolle Sprache des Unbewussten,* 2006): „Wir können gar nicht nicht träumen. Das Träumen gehört zum Menschsein. Und die meisten Menschen interessieren sich für ihre Träume. Heute ist der Traum nicht mehr so sehr Botschaft einer numinosen, erhofften Welt. Auch nicht nur einfach Ausdruck der Gehirnaktivität im Schlaf: Er ist ein emotionales und kognitives Selbstgespräch, eine Botschaft der eigenen Tiefe, die man nicht so leicht versteht. Träume sind wichtig für das Projekt der Selbstsorge und der permanenten Selbsterschaffung."

Was wären wir ohne Träume. So lange wir träumen, haben wir Visionen. John Lennon sang es in der dritten Strophe seines weltumspannenden Songs *Imagine*:

„*You may say I'm a dreamer*
But I'm not the only one
I hope someday you'll join us
And the world will be as one."

Die Grammatik der Seele
Sigmund Freud und Carl Gustav Jung

Die Vorstellungen zum Träumen haben sich über die Jahrtausende stark gewandelt: von den Botschaften der Götter, den Visionen für die Zukunft, den Bildern des Unbewussten bis hin zum Spiegel innerer psychischer Prozesse, Gefühle und Gedankenmuster. Eine feste Bedeutung für Träume kann es nicht geben; Träume sind genauso vielfältig wie das Wachleben. Es gibt auch nicht die eine richtige Methode, um mit Träumen zu arbeiten. Jede Träumerin kann sich den für sie persönlich stimmigsten Weg auswählen, sich mit dem eigenen Traumgeschehen auseinanderzusetzen.

Michael Schredl
Träume. Die Wissenschaft enträtselt unser nächtliches Kopfkino (2007)

Wenn die Träume keine *somnia a Deo missa*, keine von Gott gesandten *Träume* sind, was sind sie dann? Sie sind ein subjektives Erleben während des Schlafes, und zwar für Menschen wie für hoch organisierte Tiere, wie zum Beispiel Hunde. Das hat die Schlafwissenschaft und Gehirnphysiologie mit frappierenden Beobachtungen belegt. Die amerikanischen Forscher Nathaniel Kleitmann und Eugene Aserinsky entdeckten 1951 den *Rapid Eye Movement Sleep* oder *REM-Schlaf*. Das sind im Verlauf einer Nacht inmitten der Zeiten des ruhigen Tiefschlafes vier bis sechs scharf abgegrenzte Phasen mit schnellen Augenbewegungen von zehn bis fünfzig Minuten Länge. Im REM-Schlaf ist das Gehirn, wie die Hirnstromkurven des Elektroenzephalogramms (EEG) beweisen, aktiv. In der übrigen Zeit schaltet es auf ein Energiesparmodus um. Die intensivsten und plastischsten Träume finden im REM-Schlaf statt. Aber auch in den NREM-Phasen, den Nicht-REM-Abschnitten, wird geträumt, aber meist

kürzer und bildärmer. In den Schlaflaboren arbeitet man mit Fragebogen, Interview, Traumtagebuch und Laborweckung.

Die Probanden träumten bevorzugt in der zweiten Nachthälfte. Sie enthält, im Gegensatz zum Tiefschlaf der ersten Nachthälfte, mehr „unruhigen" REM-Schlaf. Davon zu unterscheiden sind die Therapieträume. Sie sind eingefärbt von den Fragestellungen und der spezifischen Atmosphäre der hochfrequentigen Psychoanalyse. Der naturwissenschaftliche Traumforscher Michael Schredl kommt (in *Träume*) zum Schluss: „So unterscheiden sich Träume von Patientinnen in Freudscher Psychoanalyse von den Träumen der Patientinnen in einer Psychoanalyse nach C. G. Jung theoriekonform, d. h. mehr sexuelle Themen bei den Freudianern und mehr mythische und Naturumgebungen bei den Jungianern."

Frauen erinnern sich im Durchschnitt häufiger an Träume als Männer, weil sie grundsätzlich an seelischen Problemen interessierter sind als diese. Sie halten Träume für wichtiger. Frauen repräsentieren stärker, mit C. G. Jung zu sprechen, den *intuitiven* Charaktertypus. Männer stellen überwiegend den *rationalen* Typus dar: Er steht dem Reich des prärationalen Unbewussten eher abwertend gegenüber. Nietzsche, ein Denker mit stark femininen-emphatischen Zügen, wies (in *Die fröhliche Wissenschaft*) auf diese Leerstelle des kognitiven Weltverständnisses mit den Worten hin: „Die längsten Zeiten hindurch hat man bewusst das Denken als das Denken überhaupt betrachtet: Jetzt erst dämmert uns die Wahrheit auf, dass der allergrößte Teil unseres geistigen Wirkens uns unbewusst, ungefühlt verläuft."

Sigmund Freud kommt das Verdienst zu, den Traum wissenschaftsfähig gemacht zu haben. Er erbrachte, wie er selbstbewusst im ersten Satz seines Standardwerkes *Die Traumdeutung* schreibt, den Nachweis, „dass es eine psychologische Technik gibt, welche gestattet, Träume zu deuten, und dass bei Anwendung dieses Verfahrens der Traum sich als ein sinnvolles psychisches Gebilde herausstellt, welches an angebbarer Stelle in das seelische Treiben des Wachens einzureihen ist".

Freud stellte sich aus neurologischer Sicht der Frage, ob die Traumbilder eine Art gehirnphysiologischer Resteverwertung darstellen. Er räumte ein: „Jedes undeutlich wahrgenommene Geräusch erweckt entsprechende Traumbilder, das Rollen des Donners versetzt uns mitten in eine Schlacht, das Krähen eines Hahns kann sich in das Angstgeschrei eines Menschen verwandeln, das Knarren einer Tür Träume von räuberischen Einbrüchen hervorrufen. Wenn wir des Nachts unsere Bettdecke verlieren, so träumen wir vielleicht, dass wir nackt umhergehen oder dass wir ins Wasser gefallen sind. Wenn wir schräg im Bett liegen und die Füße über den Rand desselben herauskommen, so träumt uns vielleicht, dass wir am Rande eines schrecklichen Abgrundes stehen, oder dass wir von einer steilen Höhe hinabstürzen. Kommt unser Kopf zufällig unter das Kopfkissen, so hängt ein großer Felsen über uns und steht im Begriff, uns unter seiner Last zu begraben. Anhäufungen des Samens erzeugen wollüstige Träume, örtliche Schmerzen die Idee erlittener Misshandlungen, Angriffe oder geschehener Körperverletzungen."

Freud konzentrierte jedoch das Problem auf die entscheidende Frage: „Wir stehen hier vor einer Wahl. Wir könnten zugeben, dass die Gesetzmäßigkeit in der Traumbildung wirklich nicht weiter zu verfolgen ist, und somit verzichten zu fragen, ob die Deutung der durch den Sinneseindruck hervorgerufenen Illusion nicht noch anderen Bedingungen unterliegt. Oder wir können auf die Vermutung geraten, dass die im Schlaf angreifende objektive Sinnesreizung als Traumquelle nur eine bescheidene Rolle spielt, und dass andere Momente die Auswahl der wachzurufenden Erinnerungsbilder determinieren."

Die „anderen Momente" sah Freud in der *Verdrängung*. Träume sind nach dieser Theorie eine Art Kompromissbildung zwischen dem *Es*, dem triebhaft-unbewussten Teil der Psyche, und seiner moralischen Kontrollinstanz, dem *Über-Ich*. Dieses ist ein Filter und Zensor. Es lässt den Trauminhalt nur in einer zensierten, entschärften und durch *Symbole* entfremdeten Form aus dem Unbewussten in das Gedächtnis des Wach-Ichs. Deshalb besteht die Kunst der Traumdeutung darin, seine Geheimsprache durch die „Chiffrier-Methode" (Freud) zu enträtseln.

Wie das geht, schildert Freud so: „Der erste Schritt bei der Anwendung dieses Verfahrens lehrt nun, dass man nicht den Traum als Ganzes, sondern nur die einzelnen Teilstücke seines Inhalts zum Objekt der Aufmerksamkeit machen darf. Frage ich den noch nicht eingeübten Patienten: Was fällt Ihnen zu diesem Traum ein?, so weiß er in der Regel nichts in seinem geistigen Blickfelde zu erfassen. Ich muss ihm den Traum zerstückt vorlegen, dann liefert er mir zu jedem Stück eine Reihe von Einfällen, die man als die ‚Hintergedanken' dieser Traumpartie bezeichnen kann." Freud kommt zu dem Schluss: „Der Traum ist nicht vergleichbar dem unregelmäßigen Ertönen eines musikalischen Instrumentes, das anstatt von der Hand des Spielers von dem Stoß einer äußeren Gewalt getroffen wird, er ist nicht sinnlos, nicht absurd … Er ist ein voll gültiges, psychisches Phänomen, und zwar eine Wunscherfüllung; er ist einzureihen in den Zusammenhang der uns verständlichen seelischen Aktionen des Wachens; eine hochkomplizierte geistige Tätigkeit hat ihn aufgebaut."

Freud hat, wie die Kritiker heute einwenden, einseitig auf der Theorie des Traumes als einer Wunscherfüllung beharrt. C. G. Jung würdigte dagegen das Traumleben unvergleichlich reicher als Ausdruck vielfältiger individueller und archetypischer wegweisender Qualitäten. Freud dokumentiert jedoch spannende, einfache und komplizierte Traumbeispiele der Wunscherfüllung: „Da ist z. B. ein Traum, den ich mir beliebig oft, gleichsam experimentell, erzeugen kann. Wenn ich am Abend Sardellen, Oliven oder sonst gesalzene Speisen nehme, bekomme ich in der Nacht Durst, der mich weckt. Dem Erwachen geht aber ein Traum voraus, der jedes Mal den gleichen Inhalt hat, nämlich dass ich trinke. Ich schlürfe Wasser in vollen Zügen, es schmeckt mir so köstlich, wie nur ein kühler Trunk schmecken kann, wenn man verschmachtet ist, und dann erwache ich und muss wirklich trinken. Der Anlass dieses einfachen Traumes ist der Durst, den ich ja beim Erwachen verspüre. Aus dieser Empfindung geht der Wunsch hervor zu trinken, und diesen Wunsch zeigt mir der Traum erfüllt."

Ein Freund des Psychoanalytikers schreibt, seine Frau habe unlängst geträumt, dass sie an ihrer Bluse Milchflecken bemerke. Freud: „Dies ist auch eine Graviditätsanzeige (Schwangerschaftshinweis – M. J.), aber nicht mehr vom ersten Mal; die junge Mutter wünscht sich, für das zweite Kind mehr Nahrung zu haben als seinerzeit fürs erste." Freud weiter: „Wovon die Tiere träumen, weiß ich nicht. Ein Sprichwort ... behauptet es zu wissen, denn es stellt die Frage auf: *Wovon träumt die Gans?* und beantwortet sie: *vom Kukuruz* (Mais). Die ganze Theorie, dass der Traum eine Wunscherfüllung sei, ist in diesen zwei Sätzen enthalten."

Dass der Traum gefährliche und deshalb unterdrückte Wünsche enthalten kann und sie deshalb nur in verschlüsselter, symbolischer Form illustriert, erläutert Freud an einem markanten Beispiel. Eine seiner Patientinnen wollte nicht glauben, dass man als Kind auch Todeswünsche gegen Geschwister hegen kann. Freud: „Ein ... Traum fiel ihr aber ein, der angeblich damit nichts zu schaffen hatte, ein Traum, den sie mit vier Jahren zuerst, als damals die Jüngste, und dann wiederholt geträumt hatte. ‚Eine Menge Kinder, alle ihre Brüder, Schwestern, Cousins und Cousinen tummelten sich auf einer Wiese. Plötzlich bekamen sie Flügel, stiegen auf und waren weg.' Von der Bedeutung dieses Traumes hatte sie keine Ahnung; es wird uns nicht schwer fallen, einen Traum vom Tod aller Geschwister in seiner ursprünglichen, durch die Zensur wenig beeinflussten Form darin zu erkennen."

Ein Kind der Großfamilie war tatsächlich gestorben. Freud: „Bei dem Tode eines aus der Kinderschar ... wird unsere noch nicht vierjährige Träumerin eine weise erwachsene Person befragt haben: Was wird denn aus den Kindern, wenn sie tot sind? Die Antwort wird gelautet haben: ‚Dann bekommen sie Flügel und werden Engerln.' Im Traum nach dieser Aufklärung haben nun die Geschwister alle Flügel wie die Engel und – was die Hauptsache ist – sie fliegen weg. Unsere kleine Engelmacherin bleibt allein, man denke, das Einzige von einer solchen Schar!"

Sollte ein kleines Mädchen seinen kindlichen Konkurrenten und stärkeren Spielgenossen tatsächlich den Tod wünschen? Das scheint ein starker Tobak. Freud argumentiert: „Wer so spricht, erwägt nicht, dass die Vorstellung des Kindes vom ‚Totsein' mit der unsrigen das Wort und dann nur noch wenig anderes gemein hat. Das Kind weiß nichts von den Gräueln der Verwesung, vom Frieren im kalten Grab, vom Schrecken des endlosen Nichts, das der Erwachsene, wie alle Mythen vom Jenseits zeugen, in seiner Vorstellung so schlecht verträgt. Die Furcht vor dem Tode ist ihm fremd, darum spielt es mit dem grässlichen Wort und droht einem anderen Kind: ‚Wenn du das noch einmal tust, wirst du sterben, wie der Franz gestorben ist' … Gestorben sein heißt für das Kind, welchem ja überdies die Szenen des Leides vor dem Tode zu sehen erspart wird, so viel als ‚Fortsein', die Überlebenden nicht mehr stören. Es unterscheidet nicht, auf welche Art diese Abwesenheit zustande kommt, ob durch Verreisen, Entlassung, Entfremdung oder Tod."

Besonderen Wert legte Freud auf die Deutung von sexuellen Traumsymbolen, ob dies nun „phallische" Objekte wie Schlangen, Pfeifen, Türme, Höhlen oder Wassergefäße als Sinnbilder der weiblichen Genitalien waren. In der Kaiserzeit der sexuellen Prüderie, der Doppelmoral und des frauenfeindlichen Jungfräulichkeitsideals (während die Männer das Bordell frequentierten) hatte Freuds Sexualtheorie eine revolutionäre aufklärerische Wirkung. Wie das Raubtier Sexualität heute noch in den Träumen vieler Patienten die Krallen ausfährt, zeige ich später.

Dass Freud selbst die Sexualität als einen quasi Alleinherrscher im Unbewussten installierte, macht eine seiner Fußnoten in *Die Traumdeutung* mit unfreiwilliger Komik sichtbar: „Vor einiger Zeit wurde es mir bekannt, dass ein uns ferner stehender Psychologe sich an einen von uns mit der Bemerkung gewendet hat, wir überschätzen doch gewiss die geheime sexuelle Bedeutung der Träume. Sein häufigster Traum sei, eine Stiege hinaufzusteigen und da sei doch gewiss nichts Sexuelles dahinter. Durch diesen Einwand aufmerksam gemacht, haben wir dem Vorkommen von Stiegen, Treppen, Leitern im Traum Aufmerksamkeit geschenkt und konnten bald feststellen, dass die Stiege (und was ihr analog ist) ein sicheres Koitussymbol darstellt. Die Grundlage der Vergleichung ist nicht schwer; in rhythmischen Absätzen, unter zunehmender Atemnot, kommt man auf eine Höhe und kann dann in ein paar raschen Sprüngen wieder unten sein. So findet sich der Rhythmus des Koitus im Stiegensteigen wieder."

Träume waren für Freud eine unersetzliche Hilfe für den Heilungsprozess in der Therapie. Er erkannte: „Die Traumdeutung ist die via regia (der Königsweg – M. J.) zur Kenntnis des Unbewussten im Seelenleben." C. G. Jung, zeitweiliger Weggefährte von Freud, später „abtrünnig", kritisierte: „Ich konnte Freuds Behauptung, dass die Methode der Analyse mit seiner Sexualtheorie identisch sei, nicht beipflichten, ebenso wenig konnte ich seiner Theorie der Träume zur Wunscherfüllung zustimmen (Briefe II, 191). Jung erläutert (in *Symbole und Traumdeutung*, 1961): „Ich konnte Freuds fast ausschließliches Interesse an der Sexualität nicht teilen. Gewiss spielte die Sexualität unter den menschlichen Motiven keine geringe Rolle, doch in vielen Fällen kommt sie erst an zweiter Stelle hinter Hunger, Machttrieb, Ehrgeiz, Fanatismus, Neid, Rache oder der verzehrenden Leidenschaft des schöpferischen Impulses und des religiösen Geistes." Zugleich rühmt jedoch Jung (in *Gesammelte Werke* 9, 265): „Freuds ‚Traumdeutung' ist ein epochemachendes Werk und wohl der kühnste Versuch, der je gemacht wurde, auf dem scheinbar festen Boden der Empirie die Rätsel der unbewussten Psyche zu meistern."

C. G. Jung entfaltet die Grammatik der Seele in einer einzigartigen und staunenswerten Fülle der Traumdeutungen. Er begründet (in *Allgemeines zur*

Komplextheorie, GW 8 § 210): „Die via regia zum Unbewussten sind allerdings nicht die Träume, … sondern die Komplexe, welche die Verursacher der Träume und Symptome sind." Was aber sind Komplexe? Sie sind, mit der Jungianerin Verena Kast zu sprechen (in *Träume*), „verinnerlichte konflikthafte Erfahrungen in Beziehungen, die man in einer ähnlichen Weise immer wieder gemacht hat und die durch eine oder mehrere schwere Emotionen gekennzeichnet sind. Werden im aktuellen Leben Erfahrungen gemacht, die diesen Konflikterfahrungen gleichen, reagieren wir komplexhaft: wir verhalten uns sehr emotional, der Situation nicht angemessen, wir nehmen die Situation nicht korrekt wahr und interpretieren sie im Sinne des Komplexes: ‚Mit mir geht man immer so schlecht um …'".

Was das bedeutet, ist mir in einem Traum deutlich geworden, den mir Stefan (Name, wie alle folgenden, geändert) berichtete. Stefan (19) hatte Angst, das Abitur nicht zu schaffen. Er war ein freundlicher junger Mann, schmächtig, introvertiert und von Minderwertigkeitskomplexen niedergedrückt. „Ich bin auf allen Gebieten unteres Mittelfeld", meinte er resigniert. Die Therapie verlief zäh. Ich neigte als Therapeut dazu – was ein Kunstfehler ist –, ihm wie einem kranken Gaul gut zuzureden.

Dann erzählte mir Stefan, sichtlich animiert, einen fantastischen Traum: „Ich bin in einem tiefen Verlies. Ich bin ganz allein. Es ist kalt. Ich friere und habe Hunger. Ich weiß nicht, wie ich in diese Lage gekommen bin. Ich rufe. Keine Antwort. Es ist tiefe Nacht. Hinter mir ist eine Eisentür. Sie ist verschlossen. Ich hämmere auf sie ein. Erfolglos. Keiner kommt, mir zu helfen. In dem Verlies liegen Hämmer, Brecheisen, Zangen und Kisten herum. Ich resigniere und sitze mutlos auf dem Boden. Da sehe ich plötzlich am Ende des Verlieses einen Mann mit einem brennenden Kerzenstumpen in der Hand. Es ist ein Riesenkerl. Eine komische Mischung. Eine Art Bodybuilder mit einem großen Denkerkopf. Komisch, ich habe keine Angst vor ihm. Ich bin neugierig. Was macht er? Der Mann schichtet an der Wand Kisten aufeinander. Das ist offensichtlich mühsam. Er werkelt lange. Über den Kisten befindet sich hoch an der

Decke ein schmales vergittertes Fenster. Jetzt bemerke ich es. Nun steigt der Mann diese provisorische Kistentreppe hinauf. Er trägt ein Brecheisen in der Hand. Oben angekommen biegt er damit das Gitter auf und zerschlägt die Fensterscheibe. Dann zwängt er sich durch die schmale Öffnung ins Freie.

Ich bin wie elektrisiert. Ich stehe auf, erklimme die Kistentreppe und hangele mich durch das Fenster. Draußen ist es dunkel. Der Mann geht dreihundert Meter vor mir. Dann tauchen in der Ferne auf einmal Wölfe auf. Ich habe große Angst. Einige Meter vor mir steht ein hoher Baum mit weiten Ästen bis kurz vor dem Boden. Ich klettere die Äste hoch und bringe mich in Sicherheit. Der Hunger quält mich. Da sehe ich im Geäst des Baumes schwere Bananenstauden vor mir. Obwohl es kein tropischer Baum ist, wundert mich das gar nicht. Ich lange einfach zu, esse einige Bananen und fühle mich satt. Aber ich kann doch nicht weiter auf dem Baum bleiben. Die Wölfe haben sich inzwischen verzogen. Dann sehe ich wieder den starken Mann. Er sagt kein Wort. Er weist mit der rechten Hand geradeaus und verschwindet. Ich klettere den Baum herunter. Die Dämmerung bricht an. Ich gehe immer geradeaus. Ein Glücksgefühl durchströmt mich."

An diesem Traum lassen sich die Traumtheorien von C. G. Jung auf ihre Stimmigkeit hin überprüfen. Da ist einmal der zugrunde liegende Komplex des Träumers, der Minderwertigkeitskomplex. Stefan, der mittlere von drei Söhnen, galt in seiner Familie als der „Loser". Er war unsportlich, körperlich linkisch. Er musste als Legastheniker eine Klasse wiederholen und war in seinem Denken eher bedächtig und langsam. In seiner schnellen, fixen Großstadtfamilie hieß er nur „das Faultier", weil er stundenlang in einer Ecke saß und sich nicht rührte. Stefans unbewusster innerer Einstellsatz lautete, wie er mir gestand: „Ich kann nichts. Ich bringe nichts.". Genau dieser Komplexsatz spiegelt der träumende Stefan in seinem resignierten Herumsitzen im Verlies wider. Seine ganze Kindheit war mehr oder weniger ein dunkles Verlies, ein Ausgegrenztsein und

In-sich-gefangen-Sein. Er kann sich nicht wehren. Der Traum holt den belastenden kindlichen Komplex hervor und bearbeitet ihn.

Diese „Bearbeitung" formuliert Jung in seiner Theorie der *Kompensation*. Kompensation (von lat. *compensare, ausgleichen*) bedeutet, dass der Traum ausgeschlossene und gebremste Persönlichkeitsanteile aus dem Unbewussten herausholt und aktiviert. Hier ist es der starke Mann, den Stefan imitiert. Durch sein Vorbild ermutigt, gewinnt der Träumende den Weg über die Holzkisten durch das Fenster des Verlieses ins Freie. Stefan ist also gar nicht so schwach, wie er meint. Er kann seine körperliche Zartheit und Unsportlichkeit durch List kompensieren.

In diesem Traumabschnitt kann man zugleich die von C. G. Jung entwickelte *objektstufige* und *subjektstufige* Traumdeutung erproben. Sie gilt auch, wie ich es in meinen tiefenpsychologischen Märchendeutungen (emu-Verlag, siehe am Ende dieses Buches) praktiziert habe, für das geistige Aufschließen von Märchen. *Objektstufig* gedeutet könnte der starke Mann ein reales männliches Vorbild in Stefans Leben sein, ein bewunderter älterer Freund, ein Lehrer, ein anfeuerndes Idol wie ein Filmschauspieler, Wissenschaftler oder Weltumsegler.

Subjektstufig ist der starke Mann ein Persönlichkeitsanteil des Träumers Stefan selbst. Es ist, so würde Jung sagen, sein *animus*, seine starke männliche Seele, die doch auch vorhanden ist und leben will. Alles, was mir im Traum begegnet, kann immer auch ein Seelenanteil von mir sein, ob es sich nun um einen Menschen, ein Tier, das Fließen eines Baches oder die Energie der aufgehenden Sonne in der Morgendämmerung handelt. Jung sagt es (in *Allgemeine Gesichtspunkte*, GW 8, § 509) so: „Die ganze Traumschöpfung ist im Wesentlichen subjektiv, und der Traum ist jenes Theater, wo der Träumer Szene, Spieler, Souffleur, Regisseur, Autor, Publikum und Kritiker ist. Diese einfache Wahrheit ist die Grundlage jener Auffassung des Traumsinns, die ich als Deutung auf der *Subjektstufe* bezeichnet habe.

Diese Deutung fasst, wie der Terminus sagt, alle Figuren des Traumes als personifizierte Züge der Persönlichkeit des Träumers auf."

Nach C. G. Jung kann man den Traum *kausal* und *final* verstehen. Fragt man nach der Ursache von Stefans Verliestraum stößt man auf den Minderwertigkeits- und Einsamkeitskomplex seiner Kindheit. Er ist erschütternd. In der Therapie erinnerte Stefan schlimme *Komplexepisoden* seiner Kindheit, z. B. dass ihn die Eltern, im Gegensatz zu seinen Brüdern, auf eine aufregende Bergwanderung nicht mitgenommen hatten, weil er „zu schlapp" sei. Diese Kränkung fraß sich wie viele andere in ihm fest.

In der *finalen* Deutung beschäftigte Stefan und mich die Frage, auf welches Ziel (lat. *finis*, *das Ende*) der Traum zielte. Da wurde Stefan einiges klar. Im Keller seines Traumes lagen handfeste Werkzeuge herum, Hämmer, Brechstange, Zangen und als Werkmaterial die Holzkisten. Mit diesen konnte er sich den Fluchtweg zum hoch gelegenen Fenster bahnen. Diese wiederum bilden die *Symbole* des Traumgeschehens. Sie sind fassbare Dinge aus der Wahrnehmungswelt.

Das Wort „Symbol" hat den griechischen Ursprung in dem Verb *symballein*, was *zusammenwerfen, zusammenfügen* bedeutet. Das physisch Wahrnehmbare weist also auf eine hinter ihm liegende ideelle Wirklichkeit hin. Doch was haben Hämmer, Brecheisen, Zangen und Kisten mit Stefan zu tun? Stefan fand es heraus. Es waren die moralischen und geistigen Werkzeuge seiner Persönlichkeit, mittels derer er zunächst das Abitur, dann sein Erwachsenenleben zu meistern glauben durfte: Sein zäher Fleiß, sein logischer Verstand, seine hartnäckige Stehaufqualität, fest wie ein Brecheisen.

Stefans Traum enthält dadurch auch einen vorwegnehmenden oder *prospektiven* Aspekt, also „eine im Unbewussten auftretende Antizipation zukünftiger Leistungen, … gelegentlich der Entwurf einer Konfliktlösung" (*Allgemeine Gesichtspunkte*, GW 8 § 493). Denn der Träumer findet nicht nur ein rettendes Fenster aus dem Verlies seiner Stagnation, sondern er setzt seinen Weg fort.

Wer sind die Wölfe, die ihn bedrängten, fragten wir uns. Objektstufig waren es wohl ein feindseliger Lehrer in Stefans Krisenfach Mathematik, zwei spöttische Mitschüler und der abwertende Vater. Seltsam war nur, dass Stefan, wie er sagte, im Traum die Wölfe nicht nur fürchtete, sondern auch insgeheim bewunderte. Konnten sie also, subjektstufig gedeutet, nicht auch die in ihm schlummernden, noch zu erweckenden wölfischen Kräfte bedeuten?

Der Stefan des Traumes hungerte. Das spiegelte wohl seinen Hunger nach der Begegnung mit Menschen und mit der Liebe wider. Im Traum entdeckte er die tropischen Früchte des Baumes und sättigte sich. Die für den Vereinsamten so exotische Frucht der Liebe ist zu pflücken, wenn er das nur mit hoher Energie will, sagte Stefans Traum. Sein vorübergehender Rückzug in das schützende Geäst des Traumbaumes signalisierte ihm die Notwendigkeit einer Erholungspause. Tatsächlich nutzte Stefan dann die letzten Ferien vor dem Abitur, um, statt zu lernen, sich im milden Klima einer kanarischen Insel zu erholen. Der starke Mann im Traum hatte ihm zum Abschied stumm den Weg gezeigt: Nach vorne. Der starke Mann in Stefan selbst ging diesen Weg schnurgrade auf das Abitur zu und bestand es. Mit dem Glücksgefühl des Träumers verabschiedete er sich von seinen Eltern ins Studium.

Träume sind nach C. G. Jung Hilfestellungen des Unbewussten auf dem Weg der Individuation. Autonomie, Ichwerdung und Freiheit bilden die geistigen Ziele des Lebens. *Exploration* (Erforschung, Ausfragung – M. J.), *Einsicht* und *Umsetzen* des Traumes sind die drei methodischen Schritte der Traumdeutung. Die Sprache der Träume ist symbolisch und verbindet als Universalsprache die Menschen rund um den Globus. Träume sind Bilder der inneren Welt, wie Brigitte Holzinger (in *Anleitung zum Träumen*.

Träume kreativ nutzen, 2007) sagt, „Gefühle in bewegten Bildern". Träume erinnern an „unerledigte Geschäfte", Verletzungen und Ängste. Sie enthalten Hinweise auf die Zukunft, sie entwickeln eine neue Sichtweise, sie kompensieren und korrigieren. Sie stärken uns, wie die Märchen, mit archetypischen Symbolfiguren wie dem „Jungen Helden", der „Alten Weisen", mütterlichen oder klugen Tieren wie dem Elefanten, der Kuh, dem Fuchs. Kurz: Sie sind ein geheimnisvoll spendendes nächtliches Lebenselixier. Träume entfalten eine heilsame Wirkung in der Psyche. Sie stehen unentgeltlich zur Verfügung. Wir können sie eigentherapeutisch, das heißt ohne professionelle Anleitung, nutzen.

Michael Schredl sagt es (in *Träume*) ermutigend: „Jeder Mensch kann mit seinen Träumen arbeiten, Erkenntnisse daraus ziehen, um besser mit den Anforderungen der Wachrealität umzugehen. Es ist nicht notwendig, eine langjährige therapeutische Ausbildung zu durchlaufen. Man muss sich auch nicht an eine professionelle Traumdeuterin oder Psychotherapeutin wenden, um etwas über die Bedeutung der eigenen Träume zu erfahren." Und: „Ziel der Traumarbeit ist das so genannte Aha-Erlebnis: Der Träumer hat das Gefühl, sich besser zu verstehen. Das ist ein wichtiger Ausgangspunkt, um eingefahrene Verhaltensmuster im Wachzustand ändern zu können. Das führt dann zum Hauptziel der Traumarbeit, nämlich im Wachleben glücklicher und freudvoller zu werden."

Das sagt sich so einfach. Tatsächlich muss man sich schon einiger Mühe unterziehen, um die Botschaften des Unbewussten zu verstehen. Denn sie sind oft unbequem und provozierend. Stefan musste sich fragen: „Warum habe ich meinen Verliestraum grade jetzt?" Und: „Was verrät mir der Traum über meine Schwächen und Stärken?" Schließlich: „Wie kann ich den Traum für meinen neuen Weg nutzen? Welche eingeschliffenen Denk- und Handlungsmuster muss ich aufgeben? Welcher neue Einstellungssatz könnte mir helfen, der starke Mann zu werden und den Wolf mit den scharfen Reißzähnen in mir zu entdecken?"

Der Traum gehört zur homöostatischen Fähigkeit des Menschen, zur Kunst seiner leib-seelischen Selbstregulation und Entwicklung. In seinem proteischen Charakter zeigt der Traum, wie der wandlungsfähige griechische Gott Proteus, die evolutionäre und revolutionäre Mutationsfähigkeit des Menschen und fördert sie. C. G. Jung meint (in *Die praktische Verwendbarkeit der Traumanalyse*, 1931): „Träume können unerbittliche Wahrheiten, philosophische Sentenzen, Illusionen, wilde Fantasien, Erinnerungen, Pläne, Antizipationen, ja sogar telepathische Visionen, irrationale Erlebnisse und Gott weiß was sonst noch sein. Wir dürfen nämlich eines nicht vergessen: Fast die Hälfte unseres Lebens spielt sich in einem mehr oder weniger unbewussten Zustand ab. Die spezifische Bewusstseinsäußerung des Unbewussten ist das Träumen."

Eines steht für Jung (in *Vom Wesen der Träume*, 1945) unumstößlich fest: „Nicht, dass etwa die Träume moderner Menschen unmittelbar die passenden Heilmittel angäben, wie es von den Inkubationsträumen berichtet wird, die in den Asklepiostempeln geträumt wurden; sie beleuchten aber die Situation des Patienten in einer Art und Weise, die überaus gesundheitsfördernd sein kann. Sie bringen Erinnerungen, Einsichten, Erlebnisse, sie wecken Schlafendes in der Persönlichkeit und decken Unbewusstes in den Beziehungen auf, so dass selten einer, der es sich nicht verdrießen ließ, seine Träume während längerer Zeit … zu verarbeiten, ohne Bereicherung und Erweiterung seines Horizontes geblieben ist."

Entwicklungsträume
Pfade der Zukunft

Was dir begegnen wird,
wie sollte der Traum es dir sagen?
was du tun wirst,
das zeigt er schon dir an.

Friedrich Hebbel
Der Traum als Prophet

In André Hellers geistvoll autobiographischer Novelle *Wie ich lernte, bei mir selbst Kind zu sein* (2008) mahnt der jüdische Onkel den kleinen Neffen: „Hör zu: Geboren wird man als Entwurf zu einem Menschen, und dann muss man zeit seines Lebens aus sich einen wirklichen Menschen machen. Das kriegt man nicht geschenkt, das kann man auch nicht … kaufen, das muss man sich erarbeiten, Jingele. Erarbeiten, sag ich. Und dein Vater war arbeitsscheu.' ‚Warum erzählst du das alles mir, Onkel York, ich bin doch noch fast ein Kind.' ‚Du bist, was du bist', sagte er lakonisch. ‚Und ich rede hier von dem, was du wissen sollst.'"

Den Entwurf seines Selbst zu verwirklichen, das ist schon für ein Kind eine mühsame, viele Jahre konsumierende Aufgabe. Der/die Pubertierende tut sich schwer damit. Der junge Erwachsene läuft oft noch seelisch Amok. Er will partout seine *Entelechie* (Aristoteles) begreifen, also das, was in ihm angelegt ist und zur Reife drängt. Ich selber habe es nicht begriffen. Vor dem Abitur hatte ich einen seriellen Traum, der sich wie ein Krankheitsrezidiv immer wieder meldete. Ich quälte mich damals mit der Entscheidung, ob ich, Kind von Ärzteeltern und Geschwister von zwei

Ärztebrüdern, Medizin studieren sollte oder lieber Philosophie und Germanistik. Einerseits faszinierte mich die hohe ärztliche Kunst, andererseits aber neigte ich als stürmischer Vielleser fasziniert zur Geisteswissenschaft. Ich wollte doch in meinem jugendlichen Übermut im faustischen Drang wissen, „was die Welt im Innersten zusammenhält". Der Konflikt plagte mich. Es ging immerhin um eine Weichenstellung für das ganze Leben. In dieser Situation verfolgte mich folgender Traum immer wieder: Ich sehe mich vor einer Bücherwand in einem Sessel sitzend. Mir gegenüber sitzt schemenhaft ein Mensch. Ich bin in inniger Kommunikation mit ihm. Das ist alles. Es fehlt ein Hinweis zu der Art meines Tuns.

Hätte ich damals schon C. G. Jung gelesen, hätte mich dieser Traum zumindest alarmiert. Der Schweizer Arzt und Psychoanalytiker sagt (in *Briefe II, 124*): „Jeder sich wiederholende Traum bezieht sich auf ein und dieselbe psychische Situation, die so lange besteht, wie der Traum sich wiederholt. Das Unbewusste wiederholt das Geschehen als eine Art kompensatorischen Aktes mit dem Ziel, es ins Gedächtnis zurückzurufen, damit es ins Bewusstsein eingeordnet werden kann." Heute begreife ich die hartnäckige Traumserie: Ich sitze nämlich, exakt wie in meinen damaligen Träumen, mit dem Klienten vor der großen Bücherwand in meiner Praxis und mache Lebensberatung und Psychotherapie.

Viele Träume sind *Entwicklungsträume*. Sie kartografieren zwar nicht exakt, aber sie deuten die Pfade in die Zukunft an. So hat es der weltberühmte psychologische Krimiautor Henning Mankell in seinem bewegenden Afrikaroman *Der Chronist der Winde* formuliert. Der schwedische Bestsellerautor arbeitet bekanntlich die Hälfte des Jahres als Theaterintendant und geistiger Anwalt der Ärmsten in Mozambique. Der Held ist der elfjährige Nelio, ein typisch afrikanisches Waisenkind. Wir lesen: „Nelio hatte gedacht, es wäre klug, diesen wichtigen Tag damit zu beginnen, dass er versuchte, seine nächtlichen Träume zu deuten. Von seinem Vater hatte er gelernt, dass Träume stets Vorboten waren. Sie mochten rätselhaft sein, aber es war die Aufgabe des Menschen, die Vorzeichen zu deuten und entsprechend zu handeln. – Ein Mensch schläft, um zu träumen, hatte sein Vater gesagt. Und anschließend sind wir wach, weil wir die Möglichkeiten haben müssen, unsere Träume zu deuten … Aber er musste allein sein, wenn er den Stimmen der Nacht lauschte, die zu ihm gesprochen hatten."

Nelio muss vor Banditen fliehen. Eine Wegstrecke wandert er mit seinem Retter, einem Zwerg. Der wissensdurstige Nelio bombardiert ihn mit Fragen, meist ohne Erfolg. Endlich äußert sich der Zwerg: „Jetzt will ich auf deine Frage antworten, wohin ich unterwegs bin. Ich habe geträumt, dass ich mich auf eine Wanderung begeben und einen Pfad suchen soll, der mir das rechte Ziel weist." Nelio fragte: „Was für einen Pfad?" – „Was für einen Pfad?", äffte der Zwerg verärgert nach. „Der mich zum rechten Ziel führen soll. Frag nicht so viel. Wir haben noch weit zu gehen." – „Woher weißt du das?", fragte Nelio – Der Zwerg sah ihn verwundert an, bevor er antwortet: „Ein Pfad, von dem man geträumt hat und der einen Menschen zum rechten Ziel führen soll, kann nicht in der Nähe liegen", sagt er schließlich. „Was wichtig ist, ist immer schwer zu finden."

Schwer fand auch die Gesundheitsberaterin Esther (49) in einer beruflichen und privaten Umbruchsituation ihren Weg. Ihre erste Ehe wurde geschieden. Die Firma, in der sie angestellt war, ging in Insolvenz. Heute ist sie als Vertreterin ökologischer Produkte – rund tausend Läden sind ihre Kunden – erfolgreich. Esther schreibt mir: „Was für mich wie ein Sechser im Lotto ist, dass ich so schnell nach der Trennung einen neuen Mann gefunden habe, mit dem ich mich so gut verstehe. Wir sind wirklich ein Herz und eine Seele! Dafür bin ich unendlich dankbar!"

Deshalb ist für Esther die Deutung ihrer Träume auch so wichtig: „Ich glaube, viele Menschen verharren in ihrem Unglück, weil ihnen zunächst einmal die Wahrnehmung fehlt, was ihre wirklichen Bedürfnisse sind. Träume stellen einen der Wege dar, sich selbst zu erkennen. Ohne Erkenntnis gibt es keine aktive Änderung." Esther möchte gerne anderen helfen, „sich auf den Weg zu sich selbst und ihrem Glück zu machen". Deshalb hat sie mir ihre fünf zentralen Träume und ihre Bedeutungen für die Veröffentlichung geschenkt. Danke!

Den ersten Traum hat die Mutter zweier erwachsener Töchter geträumt, als sie wegen der Schwierigkeiten in ihrer ersten Ehe Gespräche mit einem Eheberater der *pro familia* führte. Esther: „Ich bin außerhalb eines kleinen Steinhauses, das nur einen Raum und eine Türöffnung hat. Ich gehe hinein und sehe auf dem Lehmfußboden etwas liegen, das mit einer Decke zugedeckt ist. Ich hebe die Decke auf und darunter liegen – Organe, Innereien: Herz, Nieren, Leber und ein menschlicher Kopf – alles ist vertrocknet und mumifiziert.

Plötzlich befindet sich der Kopf auf einer Säule an der einen Wand des Raumes, und er fängt an zu reden! Ich verstehe zwar die Worte nicht, die er sagt; ich will es gar nicht hören, er soll aufhören! Aber er redet immer weiter, er schweigt nicht mehr."

So weit der seltsame Traum. Esther spürt seine innere Wahrheit: „Ich erwache – und ich weiß genau, was der Traum mir sagen will: Die vertrockneten Organe sind meine eigenen unterdrückten Wünsche, die ich so lange zugedeckt hatte, bis fast gar kein Leben mehr darin war. Aber sie sind wieder auferstanden und wach – und sie werden nicht mehr schweigen, sondern darauf bestehen, dass ich sie ernst nehme und ihnen folge!"

Aber warum liegen die vertrockneten Organe respektive Wünsche unter einer Decke? Esther versteht die heikle Mission dieses Alarmtraumes: „Es sind auch Wünsche, die mit meinen Moralvorstellungen von Treue und einer dauerhaften Ehe nicht übereinstimmen, deshalb habe ich sie so lange unter Verschluss gehalten. Ich spüre, dass das jetzt nicht mehr geht!"

Dieser erste Traum bildete den Initialtraum, sozusagen das Vorspiel für das eigentliche Drama der kommenden Trennungs- und Umbruchwochen. Wenig später fällt Esther der zweite Traum zu. Er zeigt schon deutlichere Konturen. Esther: „Ich bin in einem großen Haus, einer Art Villa. Im Untergeschoß/Keller gibt es einen großen Raum mit hoher Decke, er ist vollgestellt mit vielen Gegenständen, Möbeln usw. An der Decke ist eine Lampe mit einem dicken Bündel herunterhängender gelber Kabel. Diese Kabel bewegen sich und wickeln sich um die Haare eines kleinen blonden Mädchens und versuchen es festzuhalten. Zwei große Modellautos fahren im Keller herum. Es gibt große Türen zum Garten hin, die sich selbstständig öffnen und schließen und Personen oft nicht hinein- oder herauslassen. Draußen scheint die Sonne. Über eine große, breite Treppe gelange ich nach oben. Dort ist ein großer Tisch zum Essen gedeckt. Es sind viele Menschen im Haus, unbekannte und bekannte, zum Beispiel meine Schwestern und Freunde. Am Tisch wird beratschlagt, wie mit dem Eigenleben des Untergeschosses umgegangen werden soll. Obwohl es unten unheimlich ist, gehe ich immer wieder hinunter, aber in Begleitung anderer."

Symbole im Traum kann man nicht nach Art simpler Ratgeber lexikalisch erfassen und auf eine unveränderliche Bedeutung hin festlegen. Eine Schlange kann Gefahr oder wegen ihrer männlich-phallischen Figuration Sexualität bedeuten, sie kann biblisch das Böse markieren, aber auch das Wissen oder im Sinne der Äskulap-Natter Heilung symbolisieren. Es kommt immer auf den jeweiligen Kontext an. Der Keller steht häufig für das Unbewusste oder auch Unaufgeräumte unserer Persönlichkeit.

Esther sieht es so: „Der Keller ist mein eigenes Inneres beziehungsweise mein Gefühlsleben, in dem sich über die Jahre allerhand Gerümpel angesammelt hat. Allerdings ist alles stark in Bewegung geraten. Das kleine blonde Mädchen bin ich selbst, und zwar so, wie ich früher als Kind einmal war. Dieses Kind wird in meinem Inneren festgehalten von all dem, was meine Pflichten sind oder was ich dafür halte, aber auch von der Angst herauszukommen. Dabei ist das Wetter schön, die Sonne scheint, und ich würde gerne draußen spielen. Im Obergeschoss sind meine

Freunde, die mir helfen wollen. Gemeinsam mit ihnen wage ich mich nach unten, um mich selbst zu befreien. Tatsächlich habe ich in dieser schwierigen Phase sehr viel Hilfe von außen gesucht und auch bekommen, wofür ich allen sehr dankbar bin! Ich weiß, dass ich manchmal eine ziemliche Nervensäge gewesen sein muss. Meinem inneren Kind gewähre ich inzwischen mehr Freiheit. Ich erlaube ihm/mir ab und zu gerne ein paar Verrücktheiten, wie z. B. nächtliche Wanderungen ohne Taschenlampe bei jedem Wetter. Jetzt habe ich auch den richtigen Partner dazu, der alles mitmacht!"

Natürlich kann man diesen Traum noch viel länger und in die Details hinein ausdeuten. Wofür stehen die zwei großen fahrenden Modellautos im Keller? Verena Kast kommentiert in ihrem Buch *Traumbild Auto. Von unserem täglichen Unterwegssein* (1987) „Das Auto ist eines unserer alltäglichen Fortbewegungsmittel, mit ihm sind wir oft unterwegs, deshalb braucht auch der Traum das Symbol des Autos als ein Symbol unseres alltäglichen Unterwegsseins. Dann im Zusammenhang mit allen Problemen, die dabei auftauchen können." Deshalb scheint der Schweizer Psychoanalytikerin das Auto im Zusammenhang zu stehen „mit unserem Staunen darüber, dass Leben sich auch immer aus sich selbst heraus bewegen kann, sich entwickeln kann. Dieses Geheimnis des Lebendigen ist auch mit dem Auto verbunden … Deshalb beunruhigen uns Träume, in denen das Auto sich nicht bewegt; irgendetwas ist dann nicht mehr in Ordnung."

Esthers Modellautos fahren jedoch sehr mobil, die Türen zum Garten öffnen und schließen sich selbstständig. Herz, was begehrst du mehr!

Noch drängender wird Esthers dritter Traum, kurze Zeit später. Esther: „Ich komme aus dem Schlafzimmer, das ich nicht sehe – es liegt hinter mir –, durch eine Tür in einen großen asymmetrischen Raum. Die Wände bestehen aus gemauertem Naturstein, der Fußboden ist mit Holzparkett belegt, darauf liegt ein dicker warmer Teppich, an der Decke sind

Holzbalken, alles ist in Naturfarben gehalten und wirkt sehr gemütlich. An der gegenüberliegenden Seite befinden sich raumhohe Fenster, die den Blick ins Grüne freigeben. In der linken Raumecke nahe der Tür gibt es zwei über Eck liegende offene Kamine, in denen jeweils ein Feuer brennt. Das einzige Möbelstück im Raum ist ein Ohrensessel, der in der rechten Ecke so vor dem Fenster steht, dass ich nicht sehen kann, ob dort jemand sitzt. Der Sessel ‚schaut' also nach außen. Dieser Sessel hat etwas mit meiner Sexualität zu tun. Das spüre ich, dorthin muss ich gehen. Zwischen mir und dem Sessel liegen Gegenstände auf dem Boden, mehrere Teile eines angefangenen Strickzeugs – es soll einmal ein Pullover werden – und kegelförmige Spielfiguren in Schwarz und Weiß. Ich gehe daran vorbei auf den Sessel zu – und erwache."

Esther hat lang über diesen dritten Traum nachgedacht. In der guten Tradition der Traumarbeit hat sie den Traum erst einmal minutiös aufgeschrieben (Exploration), darüber nachgedacht und ihn entschlüsselt (Einsicht). Esther: „Der Sessel war der Ort, an dem meine Sexualität ihren Platz bekommen sollte. Das hatte ich deutlich gespürt. Ich kam im Traum aus dem (ehelichen) Schlafzimmer. Der Sessel war am entgegengesetzten Ende des Raumes und außerdem zum Fenster, also nach außen, gewandt. Tatsächlich gab es in meiner Ehe erhebliche sexuelle Probleme. Die Antwort auf meine Fragen zu diesem Thema würde ich wohl nur außerhalb finden."

Esther fragte sich: „Was haben das Strickzeug und die Spielfiguren zu bedeuten? Die Antwort darauf finde ich heute noch höchst spannend: Es sind Symbole für meine – verstorbenen – Eltern. Meine Mutter strickte fast im Akkord Pullover, mein Vater war ein leidenschaftlicher Schachspieler. Das heißt, ich musste erst einmal an meinen Eltern und den Moralvorstellungen ihrer Zeit vorbeigehen, meine Mutter sogar regelrecht hinter mir lassen, um zu einem freieren Umgang mit Sexualität zu kommen."

Was bedeuten die beiden brennenden Kamine? Esther rätselt: „Vielleicht symbolisieren sie meinen Zwiespalt zwischen dem Wunsch, bei meinem Mann zu bleiben und dem, aus der Ehe auszubrechen." Vielleicht bedeuten sie auch die Energie der Umwandlung. Aus der Asche entsteht der Phönix der neuen Persönlichkeit. Aber das ist spekulativ. Träume sind oft nicht restlos zu deuten, schon gar nicht vom Therapeuten. Das Deutungsmonopol liegt immer beim Träumer. C. G. Jung selbst bekannte, dass er beim Anhören eines Patiententraumes zunächst oft ratlos war.

Esther deutet ihren Traum in einer Anmerkung zunächst *kausal*: „Meine Eltern waren über vierzig Jahre verheiratet, als sie kurz hintereinander starben. Ich konnte also nicht mehr persönlich mit ihnen über das Ende meiner Ehe sprechen. Ihre Ehe war nicht so schlecht. Als Kind habe ich immerhin öfter mitbekommen, dass sie Zärtlichkeiten ausgetauscht haben. Zehn Jahre nach mir kam meine jüngste Schwester zur Welt. Aber in den letzten Jahren war meine Mutter doch oft verbittert. Mein Vater hatte ihr sehr viel an Arbeit aufgebürdet. Dazu kamen vier Kinder. Sie konnte am Schluss einfach nicht mehr. Ich selbst habe viele Dinge in meiner Ehe wiederholt. Ich versuchte, meinen Mann zu entlasten, ihm Dinge abzunehmen, ohne dafür eine entsprechende Belohnung zu bekommen. Ich musste das Vorbild der elterlichen Ehe in vielerlei Hinsicht hinter mir lassen."

In der *finalen* Deutung erinnert sich Esther: „Nun habe ich mir nach diesen Träumen nicht sofort einen Liebhaber zugelegt. Erst als einige Monate später klar war, dass mein Mann mir in meinen Bemühungen um die Rettung der Ehe nicht folgen konnte, habe ich mir tatsächlich irgendeinen Mann gesucht, der gerade ein ähnliches Problem hatte. Ich wollte endlich wissen, ob ich ‚normal' bin. Ich habe das bewusst geplant, es ist nicht einfach passiert. Meine Gefühle dabei waren eine wilde Mischung aus Frust, Wut, Angst, Neugier und Abenteuer- und Lebenslust.

Bevor ich diesen Schritt tatsächlich unternahm, habe ich dann doch mit meinen Eltern gesprochen: Ich ging zu ihrem Grab und stellte die Frage: ‚Und – was haltet ihr davon, was ich jetzt vorhabe?' Ohne jetzt ins Übersinnliche abzugleiten – ich bekam tatsächlich eine Antwort. Meine Mutter sagte: ‚Ich hatte ganz ähnliche Empfindungen wie du, aber ich hätte niemals getan, was du jetzt vorhast.' Mein Vater sagte: ‚Ich wollte nie aus der Ehe ausbrechen, aber folge deinen Gefühlen, tu, was du für richtig hältst.' Ob diese Antworten tatsächlich von meinen Eltern direkt kamen oder von ihren Erbanlagen in mir, ist mir eigentlich nicht wichtig."

Esthers dritter Traum erwies sich als eine Art geistiger Fluchthelfer, noch nicht als grundsätzliche Lösung. Esther: „Das (erotische – M. J.) Abenteuer, in das ich mich stürzte, führte zum endgültigen Aus meiner Ehe. Ich zog aus. Kurz danach habe ich diese ‚Sprungbrettbeziehung' auch beendet. Ich habe dabei eine Menge gelernt, vor allem, dass ich die körperlichen und geistig-seelischen Aspekte einer Beziehung nicht trennen kann. Ich kann auch nicht zwei Beziehungen gleichzeitig haben. Ich bin für einen Mann nur ganz oder gar nicht zu haben. Oder anders ausgedrückt: Ich kann mich nur als Einheit von Körper, Geist und Seele hingeben. Alles andere geht nicht."

Beim vierten Traum war Esther bereits ein Jahr von ihrem Exmann getrennt. Mit ihrem neuen Freund war sie seit einem halben Jahr zusammen. Auf einer Fastenwoche, bei der es ihr sehr gut geht, hat sie folgenden Traum in drei Sequenzen: „Ich bin im Lager des Ladens. Es herrscht große Unordnung. Ein Haufen Schrott und Müll liegt da. Eigentlich müsste ich aufräumen, aber ich bin müde und will zuerst schlafen. Ich lege mich in meinem ehemaligen ehelichen Schlafzimmer ins Bett, bin aber alleine. Ich schlafe fest, bis mein Ex-Mann mich weckt. Ich folge ihm hinunter in die Küche. Es ist die Küche meiner Schwester. Er hat eingekauft, unter anderem auch einen Karton Eier. Eines der Eier hat ein kleines Loch und bewegt sich. Im Inneren erkenne ich ein Küken. Ich suche etwas, worin das Ei weich liegen und das Küken schlüpfen kann.

Mein Ex-Mann weigert sich, mir zu helfen. Er steht mir ständig im Weg. Das Ei bekommt immer mehr Risse. Ich bin beunruhigt, weil ich noch immer keinen Platz dafür finde, aber ich halte das Ei sicher in beiden Händen." Natürlich ist das Küken im Traum, subjektstufig gedeutet, die neue Esther, das Küken, das sich ins Leben pickt.

Esther: „Gleicher Traum. Zweite Sequenz: Ich gehe vor das Haus auf die Straße. Dort steht ein kleiner englischer Sportwagen. Ich setze mich rechts hinter das Steuer. Meine jüngere Tochter sitzt neben mir. Es ist viel zu eng im Auto. Wir haben beide viel Gepäck dabei. Wir fahren auf eine zweispurige Schnellstraße. Ich gebe Gas und überhole andere Autos. Plötzlich ist die Straße zu Ende. Sie ist regelrecht abgebrochen. Das Auto landet in unwegsamem Gelände. Wir können nicht weiterfahren. Über uns an einem Berg sehe ich eine Straße und weiß: Das ist der richtige Weg für mich!"

Wir sehen, das ist ein klassischer Autotraum mit hinderlichem Lebensgepäck und einem vorläufigen Stopp im unwegsamen Beziehungsgelände. Esther muss über den Berg kommen, kann aber, wie sie träumt, ihre Tochter nicht mitnehmen. Sie braucht offensichtlich noch etwas Zeit. Esther erlebt die dritte Traumsequenz: „Ich bin in einem holzgetäfelten Raum. Eine Frau gibt mir ein Buch oder eine Mappe, worin meine zukünftigen Aufgaben stehen. Sie ermahnt mich, dieses Mal alles richtig zu machen und die Fehler der Vergangenheit nicht zu wiederholen. Ich gehe in einen Nebenraum, in dem meine ehemaligen Klassenkameraden der Abiturklasse auf dem Boden sitzen. Ich setze mich dazu. Einer der Jungs zieht mich an sich. Ich merke, dass er betrunken ist und mache mich von ihm frei. Er fragt mich nach meinem Sternzeichen. Das ist Schütze. Er ist Wassermann. Ich antworte: ‚Das ist zwar nicht schlecht, aber mein Freund ist Löwe. Das ist besser. Wir passen gut zusammen und verstehen uns gut.' Das Buch mit meinen Aufgaben liegt unter einer Kommode. Ich hebe es auf. Ich stehe da und halte das Buch fest in meinen Händen."

Die Träumerin besteht auf ihrem Freund, weil er ein „Löwe" ist, stark und konfliktfähig. Esther lässt sich nicht einfach von einem zufälligen „Jungen" in eine weitere unlebbare Beziehung hineinzerren. Esther hat ihren Wissensdurst aus ihrer Traumquelle gelöscht. Sie sagt: „Die Symbole in diesem Traum sind ganz eindeutig: Das Ei, die Straße, das Auto, das Buch mit meinen Aufgaben – alles zeigt: Ein neues Leben beginnt für mich. Es gibt zwar noch einige Ungewissheiten. Ich weiß noch nicht genau ‚wo ich mein Ei hinlegen' soll. Ich mache mir auch noch Sorgen um meine Töchter, obwohl die zum Zeitpunkt der Trennung schon neunzehn und zweiundzwanzig Jahre alt waren. Der Müll im Laden kündigt die drohende Insolvenz meiner Firma an. Aber – ich habe mein Leben in der Hand!"

Esthers fünfter Traum greift noch einmal den zurückliegenden Berg-Traum auf, also die alpine Straße, die sie damals trotz des schnellen Wagens noch nicht schaffte. C. G. Jung schildert eine Reihe von Berg-Träumen, bei denen der/die Träumende noch vor einer zur Zeit unlösbaren Besteigung zurückschreckt oder gewarnt wird. Bei Esther nimmt es einen guten Ausgang. Esther: „Ich gehe durch eine Landschaft, in der ein einzelner großer Berg steht. Ich gehe dichter an den Berg heran. Er hat steile, zerfurchte Hänge. Sie sind aber vollständig mit kurzem Rasen bedeckt, so dass es aussieht, als sei er mit Samt überzogen. Ich überlege, wie ich diesen Berg besteigen kann, ohne den Rasen zu beschädigen. Als ich näher komme, sehe ich am Fuß des Berges eine Wand, die tapeziert ist wie das Innere einer Wohnung. Es gibt mehrere weiß lackierte Türen, die verschlossen sind. Auf einer kleinen Ablage entdecke ich einen Schlüsselbund. Ein Schlüssel hat die Nummer 115. Das ist der richtige für die Tür, die ich öffnen will. Ich nehme den Schlüssel in die Hand – und erwache."

Es sieht so aus, als ob der samtige Grasberg, diese Barriere vor dem künftigen Leben, sich als gar nicht so furchterregend erweist. Vielleicht gelangt die Träumende ja auch durch die Tür am Fuß des Berges direkt auf die andere Seite. Esther erhielt für die Deutung dieses letzten Traumes eine überraschende Schützenhilfe: „Mein Freund sagte zu diesem Traum: ‚Das ist doch klar, was das bedeutet: Der Berg, das bin ich, und du hast den Schlüssel zu meinem Innersten!' Ist das nicht schön?!"

Esther hat die Geschenke der Nacht geöffnet und genutzt. Wie sagt Rilke:

Träume, die in deinen Tiefen wallen,
aus deinem Dunkel lass sie alle los.
Wie Fontänen sind sie, und sie fallen
lichter und in Liederintervallen
ihren Schalen wieder in den Schoß.

Heinrich Heine (1797 – 1856) gewann kindlichen Mut für seine Zukunft, als ihm der Vater, Samson Heine, von einem liebevollen Traum berichtete:

„Eines Morgens umarmte er mich mit ganz besonderer Zärtlichkeit und sagte:
‚Ich habe diese Nacht etwas Schönes von dir geträumt und bin sehr zufrieden
mit dir, mein lieber Harry.' Während er diese naiven Worte sprach, zog ein
Lächeln um seine Lippen, welches zu sagen schien: mag der Harry sich noch so
unartig in der Wirklichkeit aufführen, ich werde dennoch, um ihn ungetrübt zu
lieben, immer etwas Schönes von ihm träumen."

Heinrich Heine, Memoiren

Die Peitsche der inneren Gebote

Der Traum ist der beste Beweis dafür, dass wir nicht so fest in unsere Haut eingeschlossen sind, wie es scheint.

Friedrich Hebbel
Tagebücher, 1844

Wie haben wir gelacht, als wir Ende der Achtzigerjahre Loriots witzigen Spielfilm *Ödipussi* im Kino sahen. Geistreich spielt schon der Titel auf den von Freud beschriebenen *Ödipuskomplex* an. Paul Winkelmann, der komische Held, ist der Geschäftsführer des Stoff- und Möbelgeschäftes „Winkelmann & Sohn", das er nach dem Tod seines Vaters übernommen hat. Nebenher ist er Mitglied in einem politischen Verein, der sich zum Ziel setzt hat, die Begriffe „Umwelt" und „Frau" in den Karnevalsgedanken zu integrieren. Paul steht noch immer unter der strengen Obhut seiner achtundsiebzigjährigen resoluten Mutter Louise. Sie umsorgt ihn barsch und kontrollierend wie ein Kind. Sie will nicht verstehen, dass sich ihr Sohn eine eigene Wohnung genommen hat, obwohl doch sein „Bubenzimmer" unverändert für ihn bereitsteht. Die Seniorchefin ist eine verschlingende Mutter.

Heikel wird es, als der brave Paul die Diplompsychologin Margarethe Tietze kennen lernt. Sie ist sein weibliches Gegenstück; eine höhere Tochter, die sich noch immer von ihren spießigen Eltern kujonieren lässt und ein sexloses Nonnendasein führt. Die beiden Braven verlieben sich ebenso prompt wie linkisch ineinander. Die Hürden scheinen unüberwindlich, denn Mutter Winkelmann wacht als Anstandswauwau unerbittlich über

die Jungfräulichkeit der beiden. Doch der Freudsche Sexualtrieb, dieser Moloch, will seine Opfer.

Der brave Muttersohn Paul träumt, dass ihm seine Mutter, weiß gewandet wie ein Cherubim, erscheint. Er schwebt ihr mit weit geöffneten Armen entgegen. Die Mutter trägt auf ihrem Kopf einen weißen Topfhut. Da passiert es. Mit einem Ruck stülpt der Sohn der Mutter ihren Hut übers Gesicht: Sein Unbewusstes rebelliert gegen die Übermutter. Die Verwandlung dieses latenten, dem Wachbewusstsein verborgenen Wissens in den manifesten und symbolisierten Trauminhalt (Hut über Mutters Gesicht) nennt Freud die *Traumarbeit*. Das ist also die Leistung des Traumes bzw. des Träumers. Den entgegengesetzten Weg, den Weg zur Entschlüsselung der symbolisch angedeuteten Wunscherfüllung, Pauls Ablösung von der Übermutter, geht die analytische *Traumdeutung*.

Warum träumt Paul diesen Traum jetzt? Die Antwort liegt auf der Hand: Die Situation ist reif. Paul muss sich zwischen Mutter Winkelmann und Margarethe Tietze entscheiden. Die Prognose des Traumes ist ebenso offensichtlich: Er muss etwas dafür tun. So lädt unser Paul denn auch seine Margarethe auf eine Reise nach Italien ein. Das Muttertier Louise begleitet Paulchen und Margarethe. Sie sitzt wie eine Gouvernante mit eifersüchtigem Blick am Steuer, Paulchen und Margarethe sind auf der Rückbank. Als Paul Anstalten macht, Margarethe zu küssen, unterbricht Mutti Winkelmann ihn mit einem strengen „Pussi!". Da geschieht es. Paul stülpt ihr kurz entschlossen den Hut über das Gesicht. Wenn man darüber nicht so Tränen lachen würde, müsste man wissenschaftlich seriös konstatieren: Paul Winkelmann realisiert seine im Traum antizipierte Rebellion gegen seine Mutter. Bravo!

Der Mensch strebt von Natur aus nach Selbstverwirklichung. Wie er das tut und wie er dabei gehindert oder gefördert wird, das hängt von seinen Umweltbedingungen, vor allem seiner Kindheit und Jugend, ab. Die deutsch-amerikanische Psychoanalytikerin Karin Horney (Mutter der im

Deutschland der Dreißiger- und Vierzigerjahre bekannten Schauspielerin Brigitte Horney) hat in ihrem Werk *Neurose und menschliches Wachstum. Das Ringen um Selbstverwirklichung* (4. deutsche Auflage 2007) untersucht, wie ein Mensch unter Druck seinem wahren Selbst entfremdet wird. Horney registriert: „Die Häufigkeit von Neurosen zeigt, wie leicht jede Art von Druck unsere konstruktiven Kräfte in nichtkonstruktive oder sogar destruktive Kanäle ableiten kann. Sind wir aber von einem autonomen Streben nach Selbstverwirklichung überzeugt, so brauchen wir unserer Spontaneität keine innere Zwangsjacke anzulegen; wir brauchen auch die Peitsche der inneren Gebote nicht, um uns zur Vollkommenheit anzutreiben … Der Weg zu diesem Ziel ist ein stetig wachsendes Bewusstwerden und Verstehen des eigenen Selbst … Und in dem Maße, in dem wir die neurotische Besessenheit vom Selbst verlieren, indem wir frei werden für unser Wachstum, machen wir uns auch frei dafür, andere zu lieben und an ihnen Anteil zu nehmen."

Die „Peitsche innerer Gebote", die meist Verbote sind, hielt auch Maximilian (42) nieder. Ich nenne ihn immer respektvoll „meinen Amokläufer". Maximilian kam in die Therapie, weil er sich weder privat noch beruflich durchzusetzen vermochte. Seine Sexualität war ein Trauerspiel. Er nahm sich zurück und forderte nicht. Dadurch wirkte er auf mich schattenhaft und gebückt. Dabei war er eine gute Fachkraft in einem großen Steuerbüro. Er liebte die Mechanik der Gesetze und Zahlen und hatte wohl einen scharfen Blick dafür. Aber der Chef ließ ihn nicht hochkommen und war finanziell knauserig, obwohl Maximilian umsatzstarke Kunden betreute und damit sein Geld wert war.

Die Seelenarbeit war für Maximilian schmerzhaft und befreiend. In seiner Kindheit hatte er unter einem autoritären Vater, einem harten Sportlehrer, der ihn oft schlug, gelitten. Wohl unbewusst nach diesem Muster hatte er auch seinen abwertenden Chef „gewählt". Maximilian hatte Angst vor ihm. In der Therapie erschloss sich Maximilian eine neue Welt. Mit Leidenschaft absolvierte er die fünf berühmten Schritte der Therapie, *erinnern, beweinen, bewüten, begreifen, beenden.* Er begriff die Dressate seiner Kindheit. Sein Vater hatte ihn domestiziert. Maximilian gestand: „Mein Vater hat aus mir einen lächerlichen Zirkuslöwen gemacht, der durch brennende Reifen springt."

Drei Träume, die wir bearbeiteten, zeigten Maximilians seelisches Soll und Haben. Der erste Traum illustrierte im Sinn der *Kontinuitätshypothese* und in symbolisch verdichteter Form Maximilians traurige Lebenswirklichkeit. Maximilian: „Ich sitze in einer etwa drei Meter hohen Fallgrube gefangen inmitten des Dschungels. Sie diente wohl dazu, Löwen zu fangen. Ich bin hungrig und habe Durst. Ich schreie um Hilfe, aber keiner kommt. Es ist Nacht. Unter mir liegen Bambushölzer. Ich weiß nicht, wozu sie dienen. Ich beginne zu weinen. Der Traum ist zu Ende."

Wir haben lange über diesen Traum gesprochen und uns viele Fragen gestellt, auf der Objekt- wie auf der Subjektstufe. Wer waren und wer sind Maximilians Feinde, die ihm eine Grube graben? Warum hat er die Grube nicht rechtzeitig bemerkt? Die Grube ist für einen Löwen gedacht – könnte das nicht heißen, dass in Maximilian ein Löwe schlummert? Bedeutet die Nacht nicht, dass ihr ein Sonnenaufgang folgen muss? Warum geht Maximilian allein durch den „Dschungel" des Lebens? Könnte er sich nicht mit kräftigen Männern und Freunden verbünden?

Maximilian hatte zu diesem Zeitpunkt, wie die meisten Männer, keinen Freund. Warum kommt er im Traum nicht zu der Überlegung, sich selbst zu helfen? Auf dem Grund der Grube liegen massive Bambushölzer – könnte er sie nicht schräg an die Grubenwände legen und mit ihrer Hilfe herausklettern? Er hat es nicht einmal probiert. Die Werkzeuge zu seiner Befreiung liegen offensichtlich da, vielleicht auch in seinem Leben: Einem Chef kann man kündigen, eine leidvolle Ehe sanieren oder beenden! Warum zieht Maximilian sich in die äußerste Ecke der Grube zurück und beginnt hilflos zu weinen? Drückt das nicht genau seine Leidensseligkeit und Passivität aus? Wer nicht handelt, wird behandelt.

Die „Peitsche der inneren Gebote" wird in Maximilians erstem Traum sichtbar. Sie bedeutet, sich ja nicht wehren, lieber ducken und leiden. Dieser Traum gab Maximilian erstmal wichtigen Aufschluss über sich, getreu nach C. G. Jungs Wort (G. W., 114): „Jeder Traum ist Informations- und Kontrollorgan und darum das wirksamste Hilfsmittel beim Aufbau der Persönlichkeit."

Etwa in der Mitte der Einzeltherapie kam Maximilian in eine meiner Selbsterfahrungsgruppen. Da ich selbst durch eine mehrjährige ausgezeichnete Gruppentherapie wieder lebendig wurde und, sagen wir vorsichtig, einen Großteil meiner Neurosen in den Orkus der Vergangenheit zu schmeißen vermochte, bin ich heute ein begeisterter Gruppentherapeut: Weil ich weiß, wie sehr wir in der liebevollen und stimulierenden Atmosphäre einer Gruppe nachreifen, gedeihen und aus dem Kerker unserer Einsamkeit entrinnen. So war es denn auch bei Maximilian.

Maximilian genoss die Wertschätzung der Frauen und Männer in der Gruppe. Sichtlich gestrafft und verjüngt verließ er das Wochenende. Er hatte sich wohl auch, welch ein Wunder, in eine der Teilnehmerinnen verliebt und genoss die Renaissance seiner Männlichkeit. Besonders beeindruckt hatte ihn eine Aggressionsübung, in der er, die Männer der Gruppe in seinem Rücken, seine grimmige Wut gegen den „Vater-Chef" herausbrüllte und seine verborgene Riesenkraft spürte.

Nach diesem Wochenende hatte er einen zweiten Traum von bestürzender Destruktivität und blindem Hass. Maximilian: „Es ist zwölf Uhr mittags. Die Sonne brennt gnadenlos herab. Ich stehe im Zentrum einer Stadt und halte ein geladenes Maschinengewehr in der Hand. Ich zittere vor Wut. Mir ist ganz übel. Ich weiß nicht wohin. Ich laufe im Kreis. Die Menschen um mich sind gleichgültig. Keiner nimmt meine Wut wahr. Dann gehe ich auf ein Hochhaus zu. Durch die Drehtür gelange ich zur Rezeption. Ich frage den Pförtner: ‚Wo muss ich hin?' Der Pförtner antwortet: ‚In den 45. Stock.' Ich komme aus dem Fahrstuhl. Ich betrete das

Büro. Es ist mein Steuerbüro. In der Realität liegt es im Parterre eines Altbaus. Der Chef und die Kollegen schauen mich an. Ich entsichere das Maschinengewehr und ballere. Minutenlang. Sie verkriechen sich unter den Schreibtischen. Wie im Rausch schieße ich. Mein Machtgefühl ist ungeheuerlich. Noch ganz benommen erwache ich."

Der Traum zeigt uns die wahrhaft „ungeheuerlichen" Abgründe von Maximilians Seele, seine verborgene und zunächst orientierungslose Aggressivität – er rennt im Kreise herum, er dreht sich um sich selbst. Eine „gnadenlose" Sonne brennt über seiner Lebenslandschaft. Aber er kann seine Wut nicht zeigen. Deshalb nehmen die Passanten sie nicht zur Kenntnis. Dann geht er instinktiv auf das Hochhaus zu. Der Weg ist lang und führt in eine steile Höhe. Der Pförtner präzisiert das Ziel, den 45. Stock. Maximilian wird im nächsten Jahr fünfundvierzig. Bis dort, so gibt der Traum möglicherweise zu verstehen, muss er sein Problem gelöst haben. Könnte der Pförtner nicht er selbst sein? Sind wir nicht der Pförtner, der das Tor und den Weg des Lebens kennt? Im Sinne von C. G. Jung wäre der Pförtner also ein *Archetyp*. Das ist, wenn man diesem spekulativen Konstrukt folgen will, eine jahrtausendealte, im kollektiven Unbewussten verankerte Figur wie etwa der/die Alte Weise, das Göttliche Kind, der Held, die Königin oder die Große Mutter.

Der Träumer richtet ein Blutbad an. Seine Aggression ist ungezügelt. Das könnte, wiederum mit C. G. Jung, auch auf seinen *Schatten*, das Ungelöste und Zerstörerische seiner Wut hinweisen. Waren nicht Maximilians jahrelange depressive Verstimmungen das Schattenbild seiner konfliktscheuen, autoaggressiven Lebensweise? Aber, so fragten Maximilian und ich uns, kompensierte dieser Wuttraum nicht auch Maximilians Haltung der Aggressionshemmung und Konfliktvermeidung? Bei der Exploration seines Traumes verwandte Maximilian, wohl nicht zufällig, den Ausdruck „Es hat aus mir bis zur Erschöpfung herausgeschossen". Verwies diese ejakulative Kraft vielleicht auf seine verborgene sexuelle Problematik, seiner Frau sich nicht phallisch konfrontierend zu wagen? In einer der Sitzungen hatte er wie ein kleiner Junge von seinem „Pimmelchen" gesprochen. Mit einem Pimmelchen kommt man zwar in das christliche Himmelchen, aber nicht in den Schoß einer Frau.

Was für ein wildes Drama von Kränkungen und Rache spielten sich in Maximilians nächtlichem Lehrtheater ab! In Träumen sind wir der eigenen Realität näher. Das erschreckt uns. Bei fortschreitender Analyse zeigt sich, wie Karin Horney feststellt, bei den Klienten „eine erstaunliche Diskrepanz zwischen Wachzustand und Träumen. Träume zeugen eindeutig von emotionaler Tiefe und Turbulenz. Diese Träume – und oft nur sie – enthüllen eine tief begrabene Traurigkeit, Selbsthass und Hass gegen andere, Selbstmitleid, Verzweiflung und Angst. Mit anderen Worten: Es gibt sehr wohl eine Welt von Konflikten und leidenschaftlichen Gefühlen unter der glatten Oberfläche. Wenn wir das Interesse der Patienten an ihren Träumen zu wecken versuchen, neigen sie dazu, diese wegzuschieben." Maximilian stellte sich.

In einem dritten Traum, den Maximilian mir nach der Therapie berichtete, sah er sich hochalpin auf einer Skipiste: „Ich bin braun gebrannt. Ich fühle mich bärenstark. Meine Skiausrüstung ist teuer. Ich habe offensichtlich eine Gehaltserhöhung bekommen. Ich führe. Meine Frau und unsere beiden Kinder folgen mir. Was mich irritiert ist, dass meine Frau nur eine Skihose anhat und mir ihre nackten Brüste zeigt."

Der Traum spiegelte Maximilians neue Wirklichkeit: Er hatte zwar keine Gehaltserhöhung bekommen, sondern hatte sich selbstständig gemacht. Er verdiente mehr als in seiner Angestelltenzeit. Mit seinem neuen Selbstbewusstsein hatte er auch begonnen, zusammen mit seiner Frau, die Beziehung aufzuarbeiten. Sie hatte schließlich unerfüllte Jahre mit dem alten Duckmäuser Maximilian hinter sich. Jetzt erwachte wieder ihr sexuelles Interesse an Maximilian. Prompt zeigte sie ihm sogar in der hochalpinen Kälte des Traumes ihre nackten Brüste. Merke: Träume sind nicht jugendfrei.

Ich liebe auch sehr den Traum meiner „Löwenfrau". Elke (31), verheiratet, Mutter eines Kleinkindes, kam nur ein Mal zu einer zweistündigen Lebensberatung zu mir. Die kaufmännische Angestellte wirkte verschüchtert und unterwürfig auf mich. Ihr Mann, ein Informatiker, war der Halbgott ihrer Träume. Sie selbst fühlte sich als ein Nichts. Den Traum, den sie mir überraschenderweise gleich nach den Anfangssätzen erzählte, spiegelte denn auch ihre Lebensfrustration und merkwürdige Passivität, sobald es um sie ging.

Elke: „Ich stecke in einem Moor. Ich sinke immer tiefer. Am Ufer steht ein Feuerwehrmann. Er streckt mir seine Hand entgegen. Ich fasse immer wieder danach, aber ich erreiche sie nicht." Bei dem Feuerwehrmann konnte es sich objektstufig um ihren Mann handeln. Er bemühte sich, ihr Mut zu machen und erteilte ihr, allerdings von einer hohen Warte aus, Ratschläge. Ratschläge können bekanntlich auch Schläge sein. Subjektivstufig bedeutet der helfende Feuerwehrmann wohl eine helfende Instanz in ihr selbst. Denn Elke ahnte schon, was ihr Hilfe bringen würde – den ungeliebten Beruf wechseln, ihre Weiblichkeit zu leben und sich Freiräume gegenüber Mann und Kind zu schaffen. Aber das hätte bedeutet, sich einen Ruck zu geben und das gemütliche Elend ihres miesen Halbtagsjobs und der autoritären Ehe in eine ebenbürtige Beziehung zu verwandeln.

Der Neurotiker zieht, einem bekannten Psychologenwort zufolge, sein bekanntes Unglück dem unbekannten Glück vor. Das habe ich jahrelang selbst praktiziert und habe deshalb keinen Grund, mich über die arme Elke zu mokieren. Diese neurotische Strategie des Selbstboykotts beschreibt Karin Horney so: „Wie ein Mensch sich selbst buchstäblich niederschlagen kann, wenn er nach dem Genuss greift, wird oft in Träumen sichtbar. So träumte eine Frau, sie sei in einem Garten voll köstlicher Früchte. Sobald sie eine Frucht pflücken wollte oder gepflückt hatte, riss irgendjemand sie aus der Hand. Oder der Träumer versucht verzweifelt, eine schwere Tür zu öffnen, kann es aber nicht. Oder er rennt zu einem Zug – doch der Zug ist grade abgefahren. Er will ein Mädchen küssen – aber das Mädchen verschwindet, und er hört nur noch ein spöttisches Gelächter."

Drei Jahre später traf ich Elke bei ihrer Ausbildung zur Gesundheitsberaterin GGB in unserem Dr.-Max-Otto-Bruker-Haus wieder. Ich hatte ihr bei der Lebensberatung die Therapie bei einer warmherzigen und temperamentvollen Kollegin empfohlen. Aus der verhuschten Elke war eine strahlende Schwänin geworden – selbstsicher und sexy. Die Seelenarbeit bei der Therapeutin hatte ihr außerordentlich gut getan und Weiblichkeit und Widerstandswillen bei ihr geweckt.

Elke erzählte mir den, wie sie sagte, nicht ganz vegetarischen „Krönungstraum", den sie gegen Ende ihrer Therapie geträumt hatte: „Ich war eine Löwin. Mein Mann war der Anführer des Rudels. Er begann zu hinken, weil er sich einen Dorn in die rechte Vorderpfote eingerissen hatte. Unser Rudel war hungrig. Wir hatten seit Tagen kein Tier mehr erlegt. Da ergriff ich die Führung. Wir jagten ein Zebra. Im Traum kam es mir vor, als ob die Jagd sich stundenlang hinziehe. Das Zebra war äußerst geschickt, es schlug wie ein Hase Haken und schwamm durch einen Bach, so dass wir einen weiten Umweg machen mussten, um seine Spur wieder aufzunehmen. Ich fühlte mich voller Kraft. Der Geifer tropfte aus meinem Maul. Ich hetzte mit einer unglaublichen Geschwindigkeit. Ich war sicher, den Kampf zu gewinnen. Mit diesem Gefühl wachte ich auf."

Muss man diesen Traum noch erklären? Aus dem schüchternen Tagesmenschen Elke wird, durch die therapeutische Seelengliederung unterstützt, kompensatorisch die Löwenfrau im Traum, die wiederum der Tagesfrau Elke Signale setzt und sie auf ihrem neuen Weg bestärkt.
C. G. Jung erklärt dazu (in G. W. I, 113): „Man kann die Kompensationslehre als eine Grundregel für das psychische Verhalten überhaupt erklären. Das Zuwenig hier erzeugt ein Zuviel dort. So ist auch das Verhältnis zwischen bewusst und unbewusst ein kompensatorisches. Dies ist eine der am besten bestätigten Handwerksregeln der Traumdeutung. Immer

können wir mit Nutzen in der praktischen Traumdeutung die Frage aufwerfen: *Welche bewusste Einstellung wird durch den Traum kompensiert?*"

Als ich vor Jahren zum ersten Mal das Buch von Verena Kast *Traumbild Wüste. Von Grenzerfahrungen unseres Lebens* (Erstauflage 1986) las, war ich animiert für das Traumsymbol Wüste. Prompt geriet später ein Wüstentraum in mein analytisches Netz. Ingrid (46), frisch geschieden, eine volljährige Tochter, fühlte sich in ihrer süddeutschen Kleinstadt, so sagte sie, „wie festgeschmiedet". Als Ergotherapeutin hätte sie eigentlich überall arbeiten können, aber ihre Eltern, beide noch keine siebzig, nagelten sie fest. Der Kirchenchor und die Mitgliedschaft im Schäferhundclub langweilten sie ebenso, wie sie sie fixierten. In der Blocktherapie bei mir, in der wir eine Woche lang jeden Tag zwei Stunden seelischen „Frühjahrsputz" machten, erzählte mir Ingrid ihren jüngsten Traum. Er beeindruckte sie außerordentlich, ohne dass sie ihn sich zunächst deuten konnte.

Ingrid: „Ich sitze vor einem Zelt in der Wüste. Im Hintergrund steht ein Reisebus. Ein Feuer flackert. Die Sterne glühen an einem schwarz-samtenen Himmel. Wir sind eine bunt gemischte Reisegruppe, vielsprachig und aus mehreren Ländern. Eine ältere, mütterliche Frau sitzt neben mir. Ich lehne mich an sie und fühle mich wohl. Auf der anderen Seite des Feuers sitzt ein attraktiver jüngerer Mann. Er schaut mich intensiv an. Unsere Blicke kreuzen sich. Dann bin ich im Traum plötzlich allein und stapfe mit zwei Nordic-Walking-Stöcken durch den Sand über die Dünen. Es ist Nachmittag. Ich habe keine Angst. Ich denke viel über mich nach. Ich spüre, ich suche etwas, aber ich weiß nicht, was. Wie ein Gummifaden zieht mich diese Suche nach vorne. Das Bild verblasst. Im nächsten Bild sehe ich in der Ferne eine Oase mit hohen Dattelpalmen und einigen Hütten. Ich gehe darauf zu. Eine Gruppe von Einheimischen und Touristen wartet auf mich. Sie sehen mich freundlich an. Obwohl meine alte Reisegruppe verschwunden ist, freue ich mich. Ich lasse meine Stöcke in den Sand fallen und hüpfe wie ein kleines Mädchen fröhlich den fremden freundlichen Menschen entgegen."

Der Traum war, so schien es Ingrid und mir, ein Abschieds- und Initialtraum. Leben heißt, die „Kunst des abschiedlich Existierens" (V. Kast) zu lernen. Trennung ist nicht nur Verlust, sondern auch Aufbruch. Die Träumerin findet sich an einem extremen Ort, der Wüste wieder. Das ist der Punkt der absoluten Ichkonzentration, der Einkehr und Ruhe. Alles Störende, alle sinnentleerte Geschäftigkeit, alles *man* (Heidegger) ist verschwunden. „Man" muss nicht mehr, „man" tut nicht mehr. Geistige Führer wie Jesus und Mohammed ziehen sich in die Wüste zurück, um Klarheit zu gewinnen. In Saint-Exupérys *Kleiner Prinz* benötigt der havarierte Pilot sieben Tage in der Wüste, um sein fliegendes Lebensvehikel wieder in die Lüfte zu bringen und die Fragen von Leben, Liebe und Tod im Zwiegespräch mit seinem *alter ego*, dem „göttlichen Kind", zu erhellen. Die Wüste ist der Ort der schöpferischen Einsamkeit. Sie geschieht uns, wie Nietzsche in (*Morgenröte*) sagt, „damit das Wasser aus dem Brunnen Selbst ans Licht kann".

Die Träumerin Ingrid stößt in dieser äußersten Fremde auf ihresgleichen, nämlich auf Menschen. Das ist eine Botschaft dieses Traumes: Wo immer wir hingehen, finden wir, wenn wir uns öffnen, Menschen, ein warmes Feuer, die Liebe. Tatsächlich kreuzen sich in Ingrids Realität wenig später ihre Blicke mit einem anderen Mann. Der Traum ist kein Rezept. Geistig gibt der Traum etwas von der spirituellen Geborgenheit der Träumerin preis. Man könnte beim Anblick dieses „samtschwarzen" Himmels auch mit dem Philosophen Kant säkular rühmen: „Zwei Dinge erfüllen das Gemüt mit immer neuer und zunehmender Bewunderung und Ehrfurcht . . .: der bestirnte Himmel über mir und das moralische Gesetz in mir."

Dann wandert die Träumerin allein. Sie tut es mit Zuversicht. Zwei Stöcke geben ihr Halt. Natürlich haben wir uns gefragt, was und wer diese Haltestöcke in Ingrids Leben sein könnten. Ihr Beruf, den sie liebte? Ihre Lebensfreude? Ihre Fähigkeit, sich rasch und mit vielen Menschen emotional zu vernetzen? Ihr handwerkliches Können? Ihre Begeisterung für

Gesang, Musik, Literatur und Malerei? Ihre Tierliebe und die Anhänglichkeit ihres Schäferhundes? Ihre Spiritualität?

Ingrid zeigte sich von den Nomaden, die am Lagerfeuer dabei gewesen waren, fasziniert. In ihrer Faszination lag sie richtig, denn Nomaden verkörpern wie keine andere Population auf dieser Welt den Gedanken des unablässigen Abschiednehmens, des neu Ankommens und wieder Abschiednehmens. Das ist das „Beduinische" unserer Existenz: Wenn das seelische „Futter" an einem Ort ausgeht, aufzubrechen und einer neuen Futterstelle zuzuwandern.

Verena Kasts Worte trafen genau auf Ingrids Aufbruchsituation zu: „Die Nomaden folgen dem Wachstum der Natur, nehmen, was die Natur gibt, und akzeptieren damit das Gesetz des Werdens und Vergehens. Wenn etwas vergangen ist, dann nehmen sie Abschied, ziehen weiter, kommen aber auch immer wieder an dieselben Orte zurück. Die nomadische Lebensform ist eine Lebensform, die der Vergänglichkeit voll Rechnung trägt und sich selbst in diesen Rhythmus von Vergänglichkeit und neuem Werden einschwingt. Im Nomaden ist aber auch das Bild des immer Weitergehen-Müssens ausgedrückt, ein Bild, das zu unserem Leben, das den Tod und die Zeit kennt, passt: Wir können nie eigentlich stehen bleiben."

Ingrid entdeckte die Nomadin in sich. Sie brach auf und zog vierhundert Kilometer weiter in eine Großstadt. Dort lernte sie auch ihren neuen Lebensgefährten kennen. Sie wurde eine glückliche Beduinin. Der Wüstentraum war wie der mythische Stern der Heiligen Drei Könige am Himmel ihres Lebens erschienen.

Karin Horney schreibt: „Es gibt Träume, die ein Meer von Traurigkeit, Heimweh oder Sehnsucht offenbaren; Träume, in denen der Patient darum kämpft, lebendig zu werden; Träume, in denen er ein Gefangener ist und aus dem Gefängnis heraus will; Träume, in denen er zärtlich eine wachsende Pflanze pflegt oder in denen er ein Zimmer seines Hauses entdeckt, von dem er bisher nichts gewusst hat. Der Analytiker wird dem Patienten natürlich helfen, die Bedeutung des symbolisch Dargestellten zu verstehen. Zusätzlich kann er aber betonen, wie wichtig es ist, dass der Patient in seinen Träumen Gefühle oder Sehnsüchte zeigt, die er im wachen Leben gar nicht zu hegen wagt."

Ich bin dankbar, Ingrid ein Stück auf ihrem Weg durch den Sand der Wüste begleitet zu haben.

Erotische Träume
Sex oder Die Dogge im Frack

Doch Träume sind Begierden ohne Mut,
Sind freche Wünsche, die das Licht des Tags
Zurückjagt in die Winkel unserer Seele,
Daraus sie erst bei Nacht zu kriechen wagen.

Arthur Schnitzler
Der Schleier der Beatrice

Hundeträumen begegne ich immer wieder in der Therapie. Einen außergewöhnlich bizarren Hundetraum kennen wir von dem Philosophen Theodor W. Adorno, der seine *Traumprotokolle* (posthum 2005 herausgegeben) akribisch festhielt. Adorno: „Ich war vom Direktor meines Gymnasiums eingeladen worden, etwas zur Festschrift zum Anlass seines fünfzigjährigen Bestehens beizusteuern. Traum: Bei einer Zeremonie wurde mir feierlich die musikalische Gesamtleitung des Gymnasiums übertragen. Der alte widerwärtige Musiklehrer und ein neuer Musikstudienrat huldigten mir. Danach fand ein großer Festball statt. Ich tanzte dabei mit einer riesigen, braungelben Dogge – in meiner Kindheit hatte ein solcher Doggenhund eine große Rolle gespielt. Er ging aufrecht und war im Frack. Ich überließ mich ganz der Dogge und hatte, zum Tanzen überaus unbegabt, das Gefühl, zum ersten Mal in meinem Leben tanzen zu können, sicher und hemmungslos. Zuweilen küssten wir uns, der Hund und ich. Bin höchst befriedigt aufgewacht."

Der Philosoph war ein Erotiker und, zum Leidwesen seiner Frau, außerehelichen Amouren nicht abgeneigt. Die Deutung des Traumes überlasse

ich dir, liebe Leserin, lieber Leser. Eines steht fest, Träume sind häufig scheinbar wirr. Der Träumer, so beobachtet Karin Horney (in *Neurose und menschliches Wachstum*), „stellt sich selbst in voneinander abweichenden Symbolen dar: als verschiedene Leute, Tiere, Pflanzen oder leblose Objekte. Er kann in ein und demselben Traum als er selbst, als edler Ritter oder als drohendes Ungeheuer erscheinen. Er kann das entführte Opfer oder Verbrecher sein, der Gefangene und der Gefangenenwärter, der Richter und der Angeklagte, der Gefolterte oder der Folterknecht, das verängstigte Kind und die Klapperschlange. Diese Selbstdramatisierung zeigt die divergierenden (auseinanderstrebenden – M. J.) Kräfte, die in einem Menschen am Werk sind, und die Interpretation kann viel dazu beitragen, sie zu erkennen. Die Tendenz des Träumers zur Resignation kann z. B. dadurch zum Ausdruck kommen, dass ein resignierter Mensch eine Rolle in seinem Traum spielt, während seine Selbstverachtung durch Küchenschaben auf dem Fußboden sichtbar gemacht werden kann."

Daher setzt das Traumverstehen Einfühlung, detektivische Lust und Intelligenz voraus. C. G. Jung betont (in *G.W., 8 § 543*): „Die eigentliche Interpretation des Traumes ist in der Regel eine anspruchsvolle Aufgabe. Sie setzt psychologische Einfühlung, Kombinationsfähigkeit, Intuition, Welt- und Menschenkenntnis und vor allem ein spezifisches Wissen voraus, bei dem ebenso sehr auf ausgebreitete Kenntnisse wie auf eine gewisse Intelligence du coeur (d. h. die Weisheit des Herzens) ankommt."

In meinen Fallbeispielen selbst vereinfache ich hier naturgemäß das Narrativ, die reichhaltigen und detailfülligen Hinweise meiner Patienten, weil ich sonst nicht „zu Potte komme". Tatsächlich könnte man gerade aus den Traumserien eines einzigen Patienten oft ein ganzes Buch machen. Träume sind wahre Bibliotheken des Unbewussten, plastisch, unergründlich und oftmals schockierend.

Wo der Traum auf den Hund kommt, ist, wie wir bei dem Philosophen Adorno sahen, oftmals die Sexualität nicht weit. Am Anfang meiner therapeutischen Praxis erzählte mir eine Klientin einen Hundetraum, den ich nie vergessen werde. Angelika (41), war eine auf mich etwas herb wirkende Chemikerin. Sie befand sich in einer lustlos vor sich hindümpelnden Ehe mit einem Berufskollegen. Das Paar hatte keine Kinder, kaum gemeinsame Interessen. Der Ehemann verzog sich abends hinter den Fernseher. Sie ging früh ins Bett, strickte noch ein bisschen und schlief, das Strickzeug in der Hand, ein. Angelika kam in die Praxis, weil sie immer häufiger einen Weinzwang spürte. Sie vermochte eine milde Melancholie nicht abzuschütteln. Ihr Chemiker-Mann hatte ihr dagegen Medikamente, nämlich Antidepressiva, empfohlen. Doch Angelika spürte, dass es mit einer medizinischen Intervention nicht getan sei. In einer der Sitzungen erzählte sie mir dann folgenden Traum:

„Ich liege allein auf dem Bett in unserem Schlafzimmer. Ich bin nackt. Es herrscht eine bleierne Stille. Es fühlt sich so an, als ob die ganze Welt ausgestorben und menschenleer wäre. Ich bin unruhig. Ich warte auf irgendetwas. Ich weiß aber nicht, auf was. Plötzlich sehe ich die Silhouette eines fremden Mannes. Er steht unbeweglich vor dem Fenster unseres ebenerdig gelegenen Schlafzimmers. Er schaut in meine Richtung. Im gleichen Augenblick poltert es machtvoll hinter mir im Schlafzimmerschrank. Ich kann nicht sehen, wer da drin ist. Ich weiß jedoch mit untrüglicher Sicherheit, es ist ein großer schwarzer Hund. Er will mit aller Kraft heraus und stemmt sich gegen die dünne Schranktür aus Sperrholz. Ich verharre atemlos im Bett und ziehe mir die Bettdecke über. Meine Blicke wandern *hingerissen* (von mir hervorgehoben – M. J.) zwischen dem tumultuösen Schrank und dem fremden Mann vor dem Fenster hin und her. Dann bricht der Traum ebenso abrupt, wie er begonnen hatte, wieder ab."

Angelikas Traum verhüllt und entbirgt das Thema Sexualität zugleich auf eine berückende, fast schwindlig machende Weise. Der Philosoph Ernst Bloch sagt in seinem gelehrten Werk *Prinzip Hoffnung* (Bd. I) dazu: „Das moralisch, ästhetisch und auch realitätsgemäß zensierende Ich ist im

Traum nur geschwächt, nicht ganz ausgeschaltet. Es zensiert auf gleichsam betrunkene Weise weiter und zwingt die halluzinierten Wunscherfüllungen, sich vor seinem Blick zu verkleiden. Daher ist fast kein Nachttraum Wunscherfüllung in bar, sondern fast jeder ist entstellt und maskiert, zeigt sich ‚symbolisch' verkleidet. Und der Träumende versteht das Symbolische gar nicht, in das seine Wunscherfüllung sich verkleidet … Alle ‚anstößigen' Wünsche … greifen zur Einkleidung, um sich zu befriedigen, um sich vor der – wenn auch geschwächten – Zensur des Traum-Ichs zu verstecken."

Die Traumkomponenten „Schlafzimmer", „Schrank", „großer schwarzer Hund", „nackt" brachten Angelika und mich auf die analytische Spur. Vor allem das kleine Wörtlein „hingerissen" beschäftigte uns. Der Leser ahnt es schon: Es ging um Angelikas brachliegende Sexualität (Kausalität) und ihre verborgenen, weil „anstößigen", Wünsche (Finalität).

Der Hund, der im Schrank wütete, symbolisiert plastisch das Raubtier Sexualität. Es lässt sich auf die Dauer nicht zähmen. Man kann noch so viel neurotischen oder katholischen Gips in die Unterhose schütten, die Sexualität will heraus! Die Wand zwischen dem triebhaften Es mit seiner hundestarken Libido und dem kontrollierenden Über-Ich ist, wie wir seit Freud wissen, sperrholzdünn. Die Nacktheit der Träumerin signalisiert ihre wache Weiblichkeit und erotische Strebung. Nacktheit kann die Scham der Entblößung bedeuten, aber auch die Bereitschaft, sich unverhüllt, mit seinen wahren Gefühlen zu zeigen. Nacktheit heißt dann, die eingehämmerten Moralvorschriften wie eine lästige Kleidung abzulegen. Der schattenhafte Mann am Fenster rundete schließlich das erotische Tableau ab. Es war nicht ihr Ehemann, sondern sozusagen Gott Eros in höchst eigener Person. Er symbolisierte die Begegnung mit der Sexualität schlechthin, ob legal oder illegal.

Angelikas Sexualität (und Emotionalität) ließ sich auf die Dauer nicht länger unterdrücken. Sie erlebte sie denn auch im Folgenden in einer turbulenten Außenbeziehung mit einer wahren Dogge im Frack, um Adornos Bild aufzugreifen. Danach unternahm sie eine erfolgreiche Grundsanierung ihres ehelichen Beziehungsgebäudes mit all seinen Materialermüdungen und Sollbruchstellen. In Angelika ereignete sich die alles verwandelnde Urkraft des Eros. Nietzsche sagt über sie (in *Die Fröhliche Wissenschaft*): „Lust ist durstiger, herzlicher, hungriger, schrecklicher, heimlicher als alles Weh."

Grundsätzlich kann jede Requisite des Traumes ein Gefühl symbolisieren. Das hängt davon ab, wie der Träumende als Regisseur sie nachempfindet. Wir erinnern uns, bei Esther (im Kapitel 3) war es der zum Fenster gewandte Sessel, der die ersehnte Sexualität symbolisierte. Sein Standort vor dem Fenster signalisierte Esther, dass sie die Lust nicht mehr *intra muros* finden konnte, nicht mehr innerhalb der Mauern ihrer Ehe, sondern außerhalb mit einem neuen Partner.

Die „Peitsche der inneren Gebote", von der wir weiter oben sprachen, fällt besonders auf jegliche frei flottierende Sexualität. Ein Mensch, der sexuell frei und selbstbewusst agiert, lebt Freiheit und lässt sich nicht so leicht unter die geistige Fuchtel nehmen. Deswegen hat die Amtskirche jahrtausendelang versucht, die freie Sexualität zu enteignen, sie schmutzig zu machen und unter Höllenstrafe zu stellen. Bertram (24), Student der Katholischen Theologie und Priesteranwärter, kam auf Empfehlung seines Hausarztes zu mir, weil er unter häufigem Kopfweh und unter einer sich langsam verfestigenden *Dysphorie*, das heißt einer chronischen Missstimmung, litt. Er war ein feiner, idealistischer junger Mann mit einem zarten Knabengesicht. Eine früh verwitwete, streng religiöse Mutter hatte Bertram im Geist der Keuschheit und Marienverehrung erzogen. Bertram war geradezu chemisch aggressionsfrei und sexuell sublimiert. Aber vielleicht doch nicht ganz.

Ein Traum, das Zentralstück der damaligen Therapie, enthüllte sozusagen den Doppelgänger Bertrams oder, mit C. G. Jung zu sprechen, seinen verborgenen gewalttätigen Schatten. Bertram: „Ich bin im Traum zu einer Primiz eingeladen (das ist das Fest der ersten Messfeier eines vom Bischof frisch geweihten Jungpriesters – M. J.). Ein köstliches kaltes Buffet ist angerichtet, aber es interessiert mich nicht. Ich streife neugierig auf dem Stehempfang herum. Da sind auch eine ganze Reihe junger Frauen, Angehörige des Primizianten. Ich umkreise sie wie ein Wolf die Schafsherde. Langsam schiebe ich mich an eine besonders hübsche Frau heran. Es herrscht ein bisschen Gedränge, so dass ich mich wie zufällig etwas an sie pressen kann. Ich spüre ihre Brüste, ihren Bauch und ihre Oberschenkel. Ich rieche ihr Parfum. Plötzlich stelle ich fest, dass ich eine schwarze Mönchskutte mit einem breiten Zingulum (breiter Stoffgürtel – M. J.) trage, was bei einem Theologiestudenten völlig abwegig ist. Auf dem Hinterkopf spüre ich eine Tonsur (der ringförmige Glatzenschnitt mancher Mönche – M. J.). Unter dem Gürtel, auf meinem nackten Bauch spüre ich einen harten, spitzen Gegenstand. Es ist ein Dolch. Erschrocken ziehe ich mich von der Frau zurück. Ich beobachte sie aber weiter aus dem Augenwinkel. Sie sieht mich nicht."

Die Traumanalyse war für Bertram schockierend. Es ging um seine nicht gelebte Sexualität und Beziehungsfähigkeit zu Frauen. Der Traum sagt es überdeutlich. Da ist das reiche Nahrungsangebot des Buffets. Das interessiert den Träumer nicht. Das ist nicht sein Problem. Es will, um es in der Sprache der Gestalttherapie zu formulieren, etwas anderes Gestalt annehmen, nämlich der Eros. Sexualität kannte Bertram bis zu diesem Zeitpunkt nur in der miniaturisierten Form seiner Masturbationen. Der Träumende umkreist „wie ein Wolf" die Schafherde der Frauen. Er will eine reißen. Aber er weiß nicht, wie. Seine Kreise werden immer enger. Das heißt, das erotische Begehren steht unabweisbar auf der Agenda seines jungen Männerlebens. Lang wird er es nicht mehr aufschieben können. Der Mann in ihm, der aggressiv Begehrende, will Sexualität. Sein „Es" schreit förmlich nach Lust.

Der verstümmelte, um seine Triebhaftigkeit gebrachte Bertram ist gefangen in der Mönchskutte. Sein Geschlecht ist zusätzlich durch das Zingulum abgebunden. Sein Haupthaar ist untertassengroß geschoren. Lang wallendes Haar steht in den Träumen oft für Sexualität, etwa im Falle der Grimmschen Figuren *Eisenhans* und *Rapunzel*. Der Schnitt der Tonsur ist denn auch eine Art symbolische Kastration im Zeichen des Mönchgelübdes von Armut, Keuschheit und Gehorsam.

Andererseits entdeckt der träumende Bertram, dass er – auf dem nackten Bauch – einen spitzen Dolch verborgen hat. Das steht für seinen Penis und seine Aggression. Ein Dolch dringt in den Körper ein, wie der „aggressive" Penis in die Vagina. Deshalb ist er hier symbolisch mit der Aggression und der Sexualität des Träumenden verknüpft. Doch es ist noch komplizierter: Bertram trägt den Dolch versteckt unter den Kleidern. Das rückt Bertrams Angst vor seiner Kampffähigkeit und Männlichkeit ins Bild. Ich verlor Bertram später aus den Augen. Ich weiß nur noch, dass er zum Priester geweiht wurde. Ich hoffe, dass er, wie fast alle heterosexuellen oder schwulen katholischen Priester, die mir im Lauf meiner Praxisjahre begegnet sind, sich das Recht nimmt, sich ungeachtet der vatikanischen Dogmen, ein Leben der Liebe und Sexualität wenigstens insgeheim zu gönnen.

Ich bin als Therapeut immer wieder erstaunt, hinter welcher Vielfalt von Symbolen sich Sexualität verbirgt. Da träumt sich eine Frau als Dornröschen und hat eine haushohe Stachelhecke um sich errichtet, die weder sie noch ein ritterlicher Mann zu durchdringen vermag – sie war als Zwölfjährige ein Opfer des sexuellen Missbrauchs. Da träumt ein wohlgenährter, keineswegs ausgehungerter Mann obsessiv davon, wie er kiloweise Würste verschlingt – es geht in Wahrheit um seine „fleischlichen" Gelüste. Da träumt ein anderer Mann immer wieder, dass ihn seine Frau betrügt. Er sieht sie nackt unter einem Liebhaber liegen. Dabei ist seine Realfrau treu wie Gold und eher von schläfriger Natur. Tatsächlich lässt ihn der Gedanke an einen eigenen Seitensprung nicht los. Was er unbewusst im Traum produziert, ist das, was Freud die *projektive Eifersucht* nennt: die Konversion, die „Umdrehung" der eigenen Schuldgefühle und Begierden zur Schuld des Partners (vgl. dazu M. Jung, *Eifersucht, ein Schicksalsschlag?*).

Träume können alles enthalten, sogar, umgekehrt, die Warnung vor zu viel Sexualität. Katharina, 34, geschieden, eine Tochter im Grundschulalter, lebte sich nach der Trennung von ihrem Mann erst einmal aus. Sie schlief sich durch alle Betten und schmiss die Männer vor dem Frühstück heraus. Sie war nicht unmoralisch, sondern hatte einfach Nachholbedarf. Wegen ihrer gescheiterten Ehe hegte sie gleichzeitig einen subtilen Hass auf die Männer. Sie hielt sich bei ihren flüchtigen Männerabenteuern an den Aphorismus des österreichischen Dichters Karl Kraus (1874–1936): „Mit ihm schlafen, ja, sagte sie, aber keine Intimitäten." Aber irgendwann bekamen die Wanderungen im Fleische für Katharina einen schalen Geschmack.

Nicht zufällig träumte sie den folgenden Traum: „Ich war in einer unbekannten Großstadt shoppen. Das Gewimmel der Menschen war unerträglich. Ich sehnte mich nach Ruhe. Mitten unter den Hochhäusern fand ich eine kleine Kapelle. Ich betrat sie. Es war kühl, es herrschte eine sakrale Stille. Ich setzte mich auf eine Kirchenbank nahe dem Altar. Davor stand die barocke Holzfigur einer Mutter Gottes. Ihr Gesicht war gütig und friedlich. Sie trug den Jesusknaben auf ihrem rechten Arm. Unter ihrem weiten Mantel hatten viele Menschenkinder einen schützenden Platz gefunden. Ich war ergriffen. Ich musste weinen. Ich wusste gar nicht, warum mir die Tränen kamen, aber ich verließ getröstet mit einer Art inneren Kraft die Kapelle."

Was Katharina begegnete, war die Schutzmantelmadonna des Mittelalters. Sie ist Ausdruck höchster Mütterlichkeit und barmherziger Fürsorge. Kurz, Katharina begegnete hier ihrer *anima*, der vorübergehend vernachlässigten mütterlichen Seite in ihr. Der Traum half ihr, ihre Fixierung auf

Männer aufzugeben, sich wieder ihrer kleinen Tochter zu widmen und sich Zeit zu lassen, ernsthaft nach einem guten neuen Lebenspartner zu suchen. Der Traum kompensierte die vernachlässigten Aspekte in ihrem Leben.

Genau das Gegenteil erlebte die Träumerin Johanna (52). Sie war nach ihrer Scheidung Single. Sie definierte sich selbst als „jenseits von Gut und Böse". Johanna drohte zur alten Jungfer zu verdorren. Dabei war sie eine ansehnliche und gescheite Frau. In einer Traumserie mit den unterschiedlichsten Haupt- und Nebenakteuren, Komparsen und wechselhaften Szenerien begegnete sie immer wieder einer bestimmten Frau. Johanna: „Sie war in meinem Alter und schrecklich sexy (! M. J.). Sie trug sehr enge Röcke, scharfe Blusen mit tiefem Dekolleté, war heftig geschminkt – und gefiel allen Männern. In einem Traum sah ich sie in der Empfangshalle eines Fünf-Sterne-Hotels aufreizend am Zeitungsstand stehen und unauffällig die Männer musternd. Sie war eine weibliche Supernova. Ich selbst kam mir im Traum vor wie ein graues Mäuschen und verkroch mich in eine Hotelnische. Plötzlich wurde mir klar: Das ist eine Prostituierte. Sie geht hier – wohl mit Billigung der Hotelleitung – ihrem Edelgewerbe nach. Dabei war ich gar nicht empört. Die Frau faszinierte mich vielmehr. Ich wäre gerne mit ihr ins Gespräch gekommen, traute mich aber nicht. Diese Hure ist wochenlang durch meine Träume spaziert."

Die Arbeit mit Johanna war schön, galt es doch, die „Hure" in ihr zu entdecken, das pralle Weib, die Lust an der Verführung, die erotischen Jagdgelüste, ein neues Körper- und Selbstwertgefühl. Ich fragte Johanna, natürlich ironisch, ob es ihr nicht gefiele, um Mitternacht als schöne Hexe splitternackt auf einem Besenstiel über den Blocksberg zu fliegen. Sie lachte, anfangs verschämt, später zustimmend. Johanna integrierte die verloren geglaubte „Hexe" in ihre Gesamtpersönlichkeit. Ist es denn für eine fünfzigjährige Frau so „schrecklich", sexy zu sein, wie Johanna im Traum befürchtete?

Der gelehrte Kirchenvater Augustinus (354 – 430) möge mir verzeihen, wenn ich sage, dass wir uns für unsere Träume nicht schämen müssen. Der schwere Sexualneurotiker quälte sich in seinen *Confessiones* (Buch X, 30), wie ich an anderer Stelle ausführlich dargestellt habe (*Augustinus. Das Drama von Vernunft und Glaube*), über seine nächtlichen erotischen Traumbilder, die der Verdrängung trotzten: „Tauchen sie auf, wenn ich wache, fehlt es ihnen zwar an Kraft, aber im Schlaf treiben sie mich nicht nur bis zum Lustgefühl, sondern auch zu willentlichem Bejahen, das ist schon fast zur Tat. Und solche Macht besitzt das Gaukelbild in meiner Seele und in meinem Fleisch, dass falsche Gesichte den Schlafenden verlocken können, wo doch den Wachenden wahre (Gesichte – M. J.) unberührt lassen. Bin ich denn, Herr, mein Gott, nicht auch im Schlafe ich selbst?"

So ist es. Gerade das Verdrängte bin ich selbst. Genau deshalb „vergessen" wir so viele Träume. Es ist, wie Freud (in *Die Traumdeutung*) sagt, die „Macht der psychischen Zensur", die das Erinnern im Wachzustand blockiert. Das Vergessen der Träume hängt, wie der große Traumforscher erkannte, „weit mehr vom Widerstand als von der Fremdheit zwischen dem Wach- und dem Schlafzustand" ab. Freud: „Wenn das Wachleben die unverkennbare Absicht zeigt, den Traum, der bei Nacht gebildet worden ist, zu vergessen, entweder als Ganzes unmittelbar nach dem Erwachen oder stückweise im Laufe des Tages, wenn wir also den Hauptbeteiligten bei diesem Vergessen, den seelischen Widerstand gegen den Traum, erkennen, der doch schon in der Nacht das Seinige gegen den Traum getan hat, so liegt die Frage nahe, was eigentlich gegen diesen Widerstand die Traumbildung überhaupt ermöglicht hat."

Freud findet die Antwort: „Nehmen wir den grellsten Fall, in dem das Wachleben den Traum wieder beseitigt, als ob er gar nicht vorgefallen wäre. Wenn wir dabei das Spiel der psychischen Kräfte in Betracht ziehen, so müssen wir aussagen, der Traum wäre überhaupt nie zustande gekommen, wenn der Widerstand bei Nacht gewaltet hätte wie bei Tag.

Unser Schluss ist, dass dieser während der Nachtzeit einen Teil seiner Macht eingebüßt hatte, … Die beschreibende Psychologie lehrt uns ja, dass die Hauptbedingung der Traumbildung der Schlafzustand der Seele ist; wir können nun die Erklärung hinzufügen: *Der Schlafzustand ermöglicht die Traumbildung, indem er die endopsychische* (innerseelische – M. J.) *Zensur herabsetzt.*"

Stehen wir also zu unseren Träumen. Nietzsche formuliert es in seinem Aphorismus *Der Traum und die Verantwortlichkeit* schneidend: „In allem wollt ihr verantwortlich sein! Nur nicht für eure Träume! Welch elende Schwächlichkeit, welcher Mangel an folgerichtigem Mute! Nichts ist mehr euer Eigen als eure Träume! Nichts mehr euer Werk! Stoff, Form, Dauer, Schauspieler, Zuschauer – in diesen Komödien seid ihr alles ihr selber!"

Todesträume
Vom Sterben und Werden

Lange hab ich mich gesträubt,
Endlich gab ich nach.
Wenn das alte Ich zerstäubt,
Wird das Neue wach.
Und solang du das nicht hast,
Dieses Stirb und Werde,
Bist du nur ein trüber Gast
Auf der dunklen Erde.

Goethe
Sehnsucht

In vielen Träumen spielt der Tod eine Rolle. Er kann sehr Unterschiedliches bedeuten. Bernd (59), frühverrentet und verwitwet, lebte mit seiner ebenfalls verwitweten zweiundachtzigjährigen Mutter im gleichen Haus. Er liebte und pflegte sie hingebungsvoll. Die Mutter litt an zwei Gehirntumoren. Als sie im Krankenhaus lag, hatte Bernd, wie er mir später berichtete, einen Traum, der ihn erschreckte. Bernd: „Im Traum betrat ich mit einem riesigen Strauß roter Rosen das Krankenhaus, um meine Mutter zu besuchen. Der Aufzug in ihrer Station fuhr nicht. Ein großes schwarzes Plakat mit der Aufschrift ‚Betriebsstörung' klebte an ihm. Ich ging das Treppenhaus hinauf. Die Stufen schienen mir unendlich. Ich stieg und stieg. Endlich gelangte ich auf die Station. Vor Mutters Zimmer standen in mehreren Vasen ihre Blumen. Als ich die Tür öffnete, war das Zimmer leer. Ich begab mich auf den Heimweg." Vier Tage später starb seine Mutter in der Nacht im Krankenhaus. Bernd hatte ihren Tod intuitiv

erahnt. Dieser Traum ist klar objektstufig zu verstehen. Er bewahrheitete sich in der Wirklichkeit.

Einen tröstlichen Todestraum hatte der tumorerkrankte Bruder meiner Frau, Heinrich, im Erscheinungsjahr dieses Buches. Er berichtete: „Mutter ist mir im Traum erschienen. Sie sagte: ‚Du hast Krebs. Aber hab keine Angst, es wird nicht so schlimm!'" Heinrich stellte sich seinem Tod bewusst und ohne Klagen. Er starb schnell, friedlich und mit sokratischer Würde.

Ebenfalls Trost fand Anna, damals 33, nach einem geradezu traumatisch erlebten Unglücksfall. Anna berichtet: „Nach dem plötzlichen Tod meiner über alles geliebten Mutter fiel ich für viele Monate in eine bodenlos scheinende Trauer. Mutter war bei einem unverschuldeten Verkehrsunfall ums Leben gekommen. Ich trug fast nur noch schwarze Kleidung und weinte jeden Tag. In dieser Zeit hatte ich folgenden Traum: Ich ging durch unseren Garten und suchte sie. Da sah ich, dass meine Mutter auf dem niedrig hängenden Ast unseres Apfelbaums saß. Sie hatte noch den Autoschlüssel in der Hand und trug ihren blauen Mantel. Ich lief auf sie zu und flehte sie an: ‚Bitte komm doch nur ein einziges Mal zurück!' Sie erwiderte lächelnd: ‚Um alles in der Welt nicht, so schön ist es hier!'

Ein halbes Jahr später ging ich zur Therapie in eine Klinik. Dort träumte ich, dass meine Mutter, die Hebamme gewesen war, den Gang vor dem Krankenzimmer entlangging und sagte: ‚Ach hier bist du, Zimmer Nr. 16. Jetzt zeig ich dir mal, wo ich bin.' Wir gingen gemeinsam den Flur hinunter und traten auf eine wunderschöne große, weiße Terrasse, die im Halbrund gebaut war. Vor uns lag eine weite sonnige, hügelige, bewaldete Landschaft. Meine Mutter trug ein helles bodenlanges Kleid mit weitem Rock. Auf ihren Armen, auf den Schultern und in ihren Rockfalten saßen und hingen Säuglinge und Kleinkinder. ‚Das ist hier meine Aufgabe!', sagte sie lächelnd. Nach diesem Traum ging es mir besser. Ich konnte getröstet von ihr Abschied nehmen."

Subjektstufig zu verstehen war dagegen der Traum einer Klientin. Theresa (62), träumte: „Ich befand mich auf einer Beerdigung. Ich saß in der Kapelle direkt vor dem blumengeschmückten Sarg. Der Organist spielte einen langsamen Wiener Walzer. Ich freute mich darüber, obwohl das ja gegen die guten Begräbnissitten verstößt. Mir war fröhlich zumute. Dann tippte ich meine Nachbarin auf die Schulter und fragte sie: ‚Wer wird da eigentlich beigesetzt?' Sie erwiderte im gleichmütigen Ton: ‚Deine Mutter.' Ich lächelte."

Tatsächlich war Theresas Mutter lebendig und dachte gar nicht daran zu sterben. Sie war jedoch dement, erkannte ihre Tochter nicht mehr und bereitete mit ihrer Unruhe und ständigen Motorik der Tochter viel Mühe. Theresa, selbst unter Polyneuritis leidend, war trotz ambulanter Hilfsdienste mit der Pflege ihrer ständig Aufmerksamkeit und Kontrolle erheischenden Mutter überfordert. Im Traum meldete sich das Verdrängte – Theresas berechtigter Wunsch, die Mutter möge von ihrem schweren Dasein erlöst und sie selbst von der Pflege befreit werden. Theresas Traum stellte sich im Freudschen Sinne als eine Wunscherfüllung dar und enthielt zugleich eine finale Komponente: Nunmehr entschloss sich Theresa, ihre Mutter auf eine Heimstation für Demenzkranke zu geben. Dort wurde sie liebevoll betreut und starb ein Jahr später.

Wir können natürlich auch einen Intimfeind, einen widerwärtigen Chef oder einen schlimmen Kollegen, durch einen Todestraum imaginativ zur Strecke bringen. Träume sind in diesem Sinn schamlos, rücksichtslos und wahrhaftig. Wir sahen früher, wie kleine Kinder aus Kränkung und Rivalität heraus den Geschwistern im Traum wünschen, dass sie Flügel bekommen und wegfliegen. Vor träumerischen familiären Mordimpulsen sind auch Erwachsene nicht gefeit. Paul (48) träumte in einer Phase, als wir seine Vater-Wunde bearbeiteten, dass er in einem wiederkehrenden Traum stets aufs Neue seinen – überstrengen – Vater von einer hohen Brücke in einen reißenden Fluss hinunterstürzte.

Freud sagt dazu (in *Die Traumdeutung*) grundsätzlich: „Nach meinen bereits zahlreichen Erfahrungen spielen die Eltern im Kinderseelenleben aller späteren Psychoneurotiker die Hauptrolle, und die Verliebtheit gegen den einen, Hass gegen den anderen Teil des Elternpaares gehören zum eisernen Bestand des in jener Zeit gebildeten und für die Symptomatik der späteren Neurose so bedeutsamen Materials und psychischen Regungen. Ich glaube aber nicht, dass die Psychoneurotiker sich hierin von anderen normal verbleibenden Menschenkindern scharf sondern, indem sie absolut Neues und ihnen Eigentümliches zu schaffen vermögen. Es ist bei weitem wahrscheinlicher und wird durch gelegentliche Beobachtungen an normalen Kindern unterstützt, dass sie auch mit diesen verliebten und feindseligen Wünschen gegenüber ihren Eltern uns nur durch die Vergrößerung kenntlich machen, was minder deutlich und weniger intensiv in der Seele der meisten Kinder vorgeht."

Nicht selten drückt der Traum auch eine Ahnung vom eigenen Tod aus. Elisabeth berichtete mir bewegt von den Todesumständen ihrer sechsundsiebzigjährigen Mutter Ursula. Diese hatte Herz-Kreislauf-Beschwerden und Bluthochdruck. Eine exakte Diagnose stand aus. Die Mutter Ursula schob den klärenden Besuch beim Kardiologen vor sich her und wollte wohl nichts Genaueres wissen. Nach dem Tod ihres Mannes, ein Jahr zuvor, hatte sie ihre Lebensfreude verloren. Zum Entsetzen ihrer Tochter äußerte sie öfters, dass sie sterben und „zu ihrem Mann" wolle. Eines Tages eröffnete Ursula der Tochter Elisabeth mit bestimmten Worten: „Ich weiß jetzt, dass ich bald sterben werde." Ursula berief sich auf einen Traum der vergangenen Nacht: „Ich saß im Wohnzimmer vor dem Fernseher. Da öffnete sich die Tür und ein kleiner Bär kam mit schleppendem Gang herein. In der Mitte des Teppichs brach er zusammen. Ich hob ihn auf und bettete ihn in meinen Schoß. Er atmete schwach. Offensichtlich hatte er seine Mama verloren. Ich versuchte, ihm mit einem Teelöffel Honig in sein Mäulchen zu flößen. Er wehrte ab. Dann senkte er sein Köpfchen, verdrehte die Augen und starb friedlich in meinen Armen."

Zwei Wochen später starb die Mutter im Schlaf an einem Aneurysma im Bauchraum. In der Familie wurde die Mutter allgemein „Bärle" gerufen. „Ursula" ist ja auch die Verkleinerungsform von lat. *urs*, *der Bär*. In dem kleinen Bären hatte die große Bärin Ursula (subjektstufig) sich selbst und ihren nahenden Tod erkannt.

Nietzsche sagt (in *Also sprach Zarathustra*): „Niemand will in den Todesnachen einsteigen." Ursula wollte. Sigmund Freud spricht in einem psychoanalytischen Konstrukt vom Widerstreit zwischen *eros*, dem *Lebenstrieb*, und *thanatos*, dem *Todestrieb*. Der Lebens- oder Selbsterhaltungstrieb enthält Hunger, Aggression und Sexualität. Der Todestrieb bedeutet die Tendenz eines Triebes, nach Entspannung zu streben und so die Erregung auf Null zu reduzieren. Diese Tendenz äußert sich in Form einer Regression, also Rückentwicklung auf immer einfachere und archaischere Ebenen. Er führt letztlich zu einem anorganischen Zustand und Auflösung. Das ist der Sieg des so genannten Todestriebs. Im Kreislauf von Werden und Vergehen ist der Tod eine Notwendigkeit. Er ist, wie Goethe sagt, „ein Kunstgriff der Natur, um Platz für neues Leben zu schaffen".

Todesträume bedeuten meist auch die Auseinandersetzung mit dem Verstorbenen einerseits und mit sich selbst. Barbara (52) verhielt sich ihrer dominanten Mutter gegenüber immer noch wie das kleine gefügige Mädchen. Die Mutter warf einen Schatten über ihr Leben. Barbara traf keine Entscheidung ohne sie. Dann träumte sie, ihre Mutter wäre auf der Autobahn tödlich verunglückt. Objektstufig hatte der Traum nichts mit der Realität zu tun. Die Mutter hatte keinen Führerschein und pflegte bei allen Reisen die Eisenbahn zu benutzen. Der Traum enthielt vielmehr den dringlichen Appell an Barbara, in den inneren Ablösungsprozess von der Mutter zu gehen, ihre versklavende Realpräsenz gleichsam zu „töten".

Ähnlich träumte Konrad (61): „Meine verstorbenen Eltern standen plötzlich vor ihrem Haus. Ich hatte es nach ihrem Tod verkauft. Vater erklärte:

‚Wir wollen in unser Haus zurück.' Ich bekam Panik und Schuldgefühle." Tatsächlich stand Konrad vor der Aufgabe, Schuldgefühle aufzuarbeiten und seine – quälend verinnerlichten – Eltern freundlich und bestimmt aus seinem Leben hinauszubegleiten.

Scherzhaft sprechen wir oft von unseren „Leichen im Keller". Christiane (26), Studentin, sah sich im Traum mit einer Leiche der ganz besonderen und zunächst unerklärlichen Art konfrontiert. Christiane: „Ich war hungrig. Ich meiner Küche fand ich nichts zum Essen. Deshalb stieg ich in den Keller hinunter, um Konserven hochzuholen. Aber es war plötzlich gar nicht mein Keller. Es war vielmehr ein jahrhundertealter tiefer Gewölbekeller voller Spinnweben, finster und kalt. Dann stolperte ich über etwas, das sich wie ein Ledersack anfühlte. Ich zerrte das Ding heraus. Mein Erschrecken war groß, als sich der ‚Ledersack' als Mumie, also als Mensch, entpuppte. Ich erschrak. Ich fragte mich: Habe ich diesen Menschen umgebracht? Aber, so schlussfolgerte ich, das konnte gar nicht sein, die Mumie war ja viel älter als ich, vielleicht einige Jahrtausende alt. Aber im Keller konnte sie doch nicht weiter wie ein Gerümpel herumliegen. Ich schleppte sie ins Freie, entfachte ein Feuer und verbrannte sie. Das ging alles in Windeseile. Ich saß am Feuer und wärmte mir die Hände. Das war das letzte Bild dieses Traumes."

Die mörderische Sequenz erwies sich als ein Befreiungstraum. Die Träumerin hat sich einer Mumie, sprich einer alten Last, entledigt. Die Last war Christianes Mutter. Sie litt seit den Kindertagen von Christiane unter ständig wiederkehrenden Depressionen und schizophrenen Schüben. Das Klima in der Familie war gruftig und spinnwebig gewesen. Lebensfreude konnte unter diesen Umständen wenig aufkommen. Durch den Traum und ihre Therapie vermochte Christiane zu erkennen, dass sie ein Recht auf Lebensfreude hatte und ihre Vergangenheit verbrennen durfte. Ihre Mutter war medizinisch in guten Händen, und ihr seelisch stabiler Ehemann umsorgte sie. Das Feuer im Traum verriet wohl, wie viel Energie und Feuer in der klugen und warmherzigen Christiane steckte. Wie sagt doch Nietzsche (in *Menschliches, Allzumenschliches*): „Der Traum belehrt mitunter völlig uneindeutig."

Viel öfters noch symbolisiert der Tod das „innere Sterben". Der Tod im Traum ist, subjektstufig gesehen, der Träumende selbst. Er erfährt im Traum, dass er sich von negativen Persönlichkeitsanteilen lösen, sein Leben ändern, das alte Ego „sterben" lassen muss. Er erfährt, mit Goethes Gedicht am Anfang dieses Kapitels zu sprechen, das „Stirb und Werde" des Lebens als Grundvoraussetzung der Entwicklung. Sterbende Menschen oder Tiere im Traum stehen oft für verkrustete Charakterzüge und Seelenkomplexe, die wir hinter uns lassen müssen. Sterben wir selbst im Traum, so gilt es, unser falsch gewordenes Selbst aufzugeben.

Andreas (47), Unternehmer in der Metall verarbeitenden Industrie, erzählte mir seinen fürchterlichen Albtraum so: „Ich befand mich in der Zelle eines uralten Gefängnisses. Dann kamen altmodisch gekleidete Schergen herein, zerrten mich von meiner Liege hoch und schleppten mich zu einer Hinrichtungsstätte. Ich selbst war körperlich in einem verheerenden Zustand, abgemagert, von Hämatomen übersät und in graue Lumpen gehüllt. Auf dem Hinrichtungsgerüst stand drohend eine Guillotine. Die Schergen schnallten mich fest, das Beil sauste, mein Kopf rollte in den Sand – und ich saß plötzlich in einer blühenden Wiese, mit Kopf natürlich."

In der Realität hatte der Unternehmer Andreas den Kopf verloren. Er war ein Workaholiker, der klassische Herzinfarkttypus A (nach Friedemann), ehrgeizig, jähzornig, knochenhart, gefühlsabstinent und leistungsgetrieben. Seine Ehe war verwahrlost, seine Sexualität streikte infolge seiner Kettenraucherei und seines Alkoholmissbrauchs. Das manische Starren auf den Umsatz seiner Firma und die Ideologie des bloßen Geldverdienens ließ ihn jegliche Spiritualität verlieren. Er litt, wie Viktor E. Frankl gesagt hätte, unter einer *noogenen Neurose* (von griechisch *nous*, Geist, Sinn), einer existenziellen Sinnkrise. Sein einseitiges Erwerbs- und Geldleben war sinnlos geworden. Es war nur durch einen radikalen Schnitt, dem der Guillotine, zu beenden. Andreas teure Armani-Anzüge waren in Wirklichkeit graue Lumpen über seiner verschütteten Lebendigkeit.

Todesträume können uns so helfen, das alte Ich sterben zu lassen und die Auferstehung des neuen Ichs zu feiern. In der Zeit der postmodernen Beliebigkeit, der individualisierten und fragmentarisierten Existenz des Einzelnen, dem das Leben zur Bastelexistenz und Baustelle wird, heißt es, achtsam die Weisheit der Träume zu erspüren. Denn das Ungenügen des Einzelnen ist die Krise der Moderne insgesamt. Viktor E. Frankl konstatiert (in dem Sammelband *Psychotherapie für den Alltag*, 2007): „Denn die Massenneurose von heute ist charakterisiert durch ein weltweit um sich greifendes Sinnlosigkeitsgefühl. Heute ist der Mensch nicht mehr so sehr wie zur Zeit von Sigmund Freud sexuell, sondern existenziell frustriert. Und heute leidet er weniger als zur Zeit von Alfred Adler an einem Minderwertigkeitsgefühl, sondern eben an einem Sinnlosigkeitsgefühl, das mit einem Leeregefühl einhergeht, mit einem existenziellen Vakuum." Und: „Wenn Sie mich fragen, wie ich mir die Heraufkunft des Sinnlosigkeitsgefühls erkläre, dann kann ich nur sagen, im Gegensatz zum Tier sagt dem Menschen kein Instinkt, was er *muss*, im Gegensatz zum Menschen in früheren Zeiten sagt ihm keine Tradition mehr, was er *soll* – und nun scheint er nicht mehr recht zu wissen, was er eigentlich *will*."

Der Todestraum als Abschied vom nicht mehr Lebbaren erscheint oft in paradoxer Gestalt. Klara, Berufsschullehrerin, empfing eine Woche vor ihrem fünfzigsten Geburtstag einen Traum, der sie ebenso verwirrte wie beschäftigte. Klara: „Ich saß im Lehrerkollegium und korrigierte in einer Freistunde Arbeiten. Da erschien der Rektor und teilte uns mit, wir sollten alle sofort in die Aula kommen. Da stand vorne auf der Bühne ein offener Sarg. Wir Lehrerinnen und Lehrer defilierten schweigend daran vorbei. Als ich vor dem Sarg stand, sah ich darin ein kleines, verhutzeltes Wesen. Es handelte sich wohl um eine Frau, aber ich kannte sie nicht. Sie war kein Mitglied des Lehrkörpers. Ich blieb versunken stehen und rätselte. Plötzlich war ich allein mit der Leiche in der Aula. Da krampfte sich mein Herz vor Schmerz zusammen. Das war ja ich, aber als Greisin. Ich rannte schreiend aus dem Saal, durch die Schulpforte nach draußen."

Wir stellten uns viele Fragen in der Therapie: Warum ereignete sich der Traum gerade zu diesem Zeitpunkt? Welche innere Situation der Träumerin spiegelte er wider? Was symbolisierte die Tote? Was bedeutete die Flucht aus der Schulaula ins Freie? Die Antwort war: Klara war seit längerem den Schulberuf leid. Er war noch nie ihr Wunschziel gewesen. Nun stand der bedeutsame Einschnitt des fünfzigsten Geburtstages an. Er markierte sozusagen die letzte Möglichkeit, ihr Leben noch einmal zu wenden. Klara fühlte sich eingeschrumpft, um die Lebendigkeit ihrer reichen Persönlichkeit beraubt, eingezwängt in einen Sarg der Leblosigkeit. Die verhutzelte Tote war sie selbst. Es galt, den neuen Weg nach draußen zu suchen, statt in der Zwangsjacke des ungeliebten Lehrerberufes zu sterben. Klara hatte die Möglichkeiten dazu. Ihr Mann verdiente gut, die einzige Tochter stand kurz vor dem Abschluss ihres Studiums. Klara hatte immer mit leichter Hand geschrieben. Eine befreundete Verlegerin bot ihr an, als freie Journalistin für ihre Frauenzeitschrift zu arbeiten. Klara wagte den Sprung. Die alten Schulkollegen schenkten ihr eine champagnerselige Abschiedsfeier. Ich schickte Klara das ergreifende Poem des deutschen Mystikers Angelus Silesius (1624–1677):

Wer nicht stirbt
bevor er stirbt,
der verdirbt,
wenn er stirbt.

Es gibt etwas, was man die *Magie* des Traumes nennen könnte. Sie ist für den aufgeklärten Geist schwer verstehbar und doch vorhanden. Nach dem Ersten und dem Zweiten Weltkrieg berichteten viele Kriegswitwen, dass sie von dem bevorstehenden Tod ihres Mannes im Feld geträumt hätten. Oft ist der Todestraum aber auch ein barmherziges Medium der

Verarbeitung. Es hilft, die Endgültigkeit des Todes eines geliebten Menschen zu akzeptieren. Zwei Beispiele habe ich der Presse entnommen. Edith Fux, die Frau des verstorbenen österreichischen Schauspielers Herbert Fux, berichtet: „Ich träumte, dass ich mit meinem Mann im Bus saß. Plötzlich stieg er alleine aus und winkte mir durch die verschlossene Fahrzeugtür zu. Seit dieser geträumten Abschiedsszene ist bei mir der ganz große Verlustschmerz weg."

Drei Tage nach dem Tod des berühmten Dirigenten träumte wiederum seine Witwe Eliette von Karajan: „Herbert fuhr frühmorgens mit seinem Porsche aus der Garage. Ich ging zum Fenster und habe gerufen: ‚Herbert, warum nimmst du mich nicht mit?' Er hat mich mit seinen blauen Augen angeschaut und geantwortet: ‚Weil du noch so viel zu tun hast.' Dann ist er gefahren, und ich war voller Kraft. Das war eine lebenswichtige Nachricht für mich."

Wie sehr Todesträume die Seele zu besänftigen vermögen, das haben Märchen und Gedichte häufig beschrieben. Bei Ludwig Bechstein ist es das Märchen vom Tränenkrüglein. Es lautet: „Es war einmal eine Mutter und ein Kind, und die Mutter hatte das Kind, ihr einziges, lieb von ganzem Herzen und konnte ohne das Kind nicht leben und nicht sein. Aber da sandte der Herr eine große Krankheit, die wütete unter den Kindern und erfasste auch jenes Kind, dass es auf sein Lager sank und zum Tod erkrankte. Drei Tage und drei Nächte wachte, weinte und betete die Mutter bei ihrem geliebten Kinde, aber es starb. Da erfasste die Mutter, die nun alleine war auf der ganzen Gotteserde, ein gewaltiger und namenloser Schmerz, und sie aß nicht und trank nicht und weinte, weinte wieder drei Tage lang und drei Nächte lange ohne Aufhören und rief nach ihrem Kinde. Wie sie nun so voll tiefen Leides in der dritten Nacht saß, an der Stelle, wo ihr Kind gestorben war, tränenmüde und schmerzensmatt bis zur Ohnmacht, da ging leise die Türe auf, und die Mutter schrak zusammen, denn vor ihr stand ihr gestorbenes Kind. Das war ein seliges Engelein geworden und lächelte süß wie die Unschuld und schön wie in

Verklärung. Es trug aber in seinen Händchen ein Krüglein, das war schier übervoll. Und das Kind sprach: ‚O lieb Mütterlein, weine nicht mehr um mich! Siehe, in diesem Krüglein sind deine Tränen, die du um mich vergossen hast; der Engel der Trauer hat sie in dieses Gefäß gesammelt. Wenn du nur noch eine Träne um mich weinest, so wird das Krüglein überfließen, und ich werde dann keine Ruhe haben im Grabe und keine Seligkeit im Himmel. Darum, o lieb Mütterlein, weine nicht mehr um dein Kind, denn dein Kind ist wohlaufgehoben, ist glücklich, und Engel sind seine Gespielen.' Damit verschwand das tote Kind, und die Mutter weinte hinfort keine Träne mehr, um des Kindes Grabesruhe und Himmelsfrieden nicht zu stören."

Die Mutter hat verstanden. Sie pflegt fortan wohl eine mildere Form der Trauer.

In anrührender Schönheit hat Conrad Ferdinand Meyer (1825–1898) aus den Tiefen des Traumbewusstseins die Akzeptanz des Todes beschworen. Der Titel *Lethe* meint den Trunk des Vergessens:

Jüngst im Traume sah ich auf den Fluten
Einen Nachen ohne Ruder ziehn,
Strom und Himmel stand in matten Gluten
Wie bei Tages Nahen oder Fliehn.

Saßen Knaben drin mit Lotoskränzen,
Mädchen beugten über Bord sich schlank,
Kreisend durch die Reihe sah ich glänzen
Eine Schale, draus ein jedes trank.

Jetzt erscholl ein Lied voll süßer Wehmut,
Das die Schar der Kranzgenossen sang –
Ich erkannte deines Nackens Demut,
Deine Stimme, die den Chor durchdrang.

In die Welle taucht' ich. Bis zum Marke
Schaudert' ich, wie seltsam kühl sie war.
Ich erreicht' die leise zieh'nde Barke,
Drängte mich in die geweihte Schar.

Und die Reihe war an dir zu trinken,
Und die volle Schale hobest du,
Sprachst zu mir mit trautem Augenwinken:
„Herz, ich trinke dir Vergessen zu!"

Dir entriss in trotz'gem Liebesdrange
Ich die Schale, warf sie in die Flut,
Sie versank und siehe deine Wange
Färbte sich mit einem Schein von Blut.

Flehend küsst ich dich in wildem Harme,
Die den bleichen Mund mir willig bot.
Da zerrannst du lächelnd mir im Arme
Und ich wusst' es wieder – du bist tot.

Was sagt uns dieser Traum nicht alles: Über den Tod können wir nicht mehr bestimmen. Es ist ein „Nachen ohne Ruder". Die Gluten des Lebensmittags sind erloschen. Es ist Dämmerung. Knaben und Mädchen sitzen im Todesnachen: Tote werden nicht mehr älter. Sie sind die Kinder der Nacht. Die Geliebte des Träumers hat den Tod mit „Demut" angenommen. Der Träumer kann es noch nicht. Er trotzt seinem Schicksal. Doch zieht der Nachen unaufhörlich über den altgriechischen Fluss Styx hinüber in den Hades, das Reich der Toten. Die Geliebte im Nachen ist bereit, den Trunk des Vergessens bis zur Neige auszuschlürfen. Denn die Toten müssen sich lösen vom Irdischen. Der Träumer entreißt ihr die Schale, aber er kann ihr Schicksal nicht wenden. Es ist vergebens. Die Tote zerrinnt lächelnd in seinen Armen. Nur die Erinnerung an sie bleibt in seinem Herzen zurück. Er wird durch den Styx, den Grenzstrom zwischen Lebenden und Toten, zurückschwimmen müssen an das Ufer des Lebens.

Todesträume kündigen uns vom Unabänderlichen. Das kann der reale Tod sein oder die Todesstunde unseres alten, quälenden und gequälten Ichs. E. Aeppli, ein Schüler C. G. Jungs, resümiert (in *Der Traum und seine Deutung*, 1973): „Träume, in denen vom Tode gesprochen wird, in welchen in oft seltsamen Bildern ein Sterben sich vollzieht, in denen wir selbst sterben müssen oder am eigenen Begräbnis teilnehmen, besagen nichts anderes, als dass seelisch etwas tot ist, dass die Beziehung zu den Menschen, die wir als gestorben träumen, zur Zeit des Lebens entbehrt."

Ende oder Neuanfang?
Wenn Paare träumen

Ich teile alle Vorurteile gegen Traumdeutung als der Quintessenz aller Unsicherheit und Willkür. Auf der anderen Seite weiß ich, dass fast in der Regel etwas dabei herauskommt, wenn man lange und gründlich genug einen Traum recht eigentlich meditiert, das heißt mit sich herumträgt. Dieses Etwas ...
ist ein praktisch wichtiger Wink, welcher dem Patienten zeigt, wohin der unbewusste Weg zielt.

C. G. Jung
Ziele der Psychotherapie
Gesammelte Werke 16, § 84

Ich bin erst spät darauf gekommen, in der Paartherapie die Bedeutung von Träumen zu erkennen. Dabei sind sie gerade dort, sowohl in ihrer Unterschiedlichkeit als auch in ihrer Kongruenz, bedeutsam, weil erhellend. Vergleichsweise einfach konstellierten sich die Träume von Bruni und Ewald, sie Apothekenhelferin, er Lagerist. Beide waren Mitte dreißig und kinderlos. Bruni träumte: „Wir beide liegen vor dem Fernseher. Es ist eine Art narkoseartiger Schlaf. Er hält uns gefangen. Es fällt mir schwer, die Augen zu öffnen, aber dann richte ich mich langsam und mühevoll auf. Der Schlaf ist kaum abzuschütteln. Aufgewacht bin ich an einem Brandgeruch. Ich werde mir immer sicherer, irgendwo im Haus ist ein Brand ausgebrochen. Ich versuche, Ewald wachzurütteln. Aber er schnarcht nur umso stärker. Ich bin völlig aufgelöst. Plötzlich steht unser Wohnzimmer in Flammen. Der Feuersturm drückt unser Panoramafenster nach außen. Es fällt klirrend in sich zusammen. Ich erwache."

Tatsächlich war Brunis Traum, oberflächlich gesehen, ein Reiztraum – ein Limonadeglas war durch eine Bewegung der Schläferin vom Nachttisch gefallen und klirrend am Boden zerschellt. Doch im Traum steckte mehr als nur eine Reizreaktion. Aber hören wir zunächst einen zeitlich etwas späteren Traum von Ewald: „Ich bin im Wilden Westen. Ich reite auf einem wilden Hengst. Mit anderen Cowboys zusammen versuche ich, mit dem Lasso ein Wildpferd einzufangen. Ich reite barfuß und ohne Sattel. Ich bin wie betrunken vom Rausch der Jagd und dem rhythmischen Klappern der Pferdehufe. Weit hinter mir steht Bruni. Sie winkt, ich soll zurückkommen. Ich stürme weiter auf meinem Hengst."

Die beiden Träume konnten eindeutiger kaum sein. Die Ehe drohte, allabendlich vor dem Fernseher zu verdämmern. Sie war gähnend langweilig. Das ist das Innenleben vieler Ehen. Der durchschnittliche Deutsche schaut, so hat die ARD ermittelt, täglich 213 Minuten Fernsehen. Das sind über dreieinhalb Stunden und meist am Abend absolviert. Da bleibt für Gespräche, Spielen, gemeinsame Interessen, die Pflege von Freundschaften, Theater, Kabarett, Fremdsprachen lernen, Tanzen und andere Hobbys nichts mehr übrig. Diese Ehen sind tot wie verödete Krampfadern. Brunis Traum spiegelt die eheliche Misere wider und signalisiert den drohenden Knall, den Exitus der Beziehung, durch das Symbol der verzehrenden Feuersbrunst. Ewalds Sehnsuchtstraum setzt der ehelichen Narkose die Vision der großen Freiheit auf dem Pferderücken im Wilden Westen entgegen. Der Träumende empfindet hierbei seine Frau als Bremserin, die ihn an den häuslichen Herd zurückwinken will. Ewald und Bruni verstanden in der paartherapeutischen Arbeit den Schicksalswink ihrer dramatischen Träume. Erfolgreich modernisierten sie ihr verwahrlostes Beziehungsgebäude.

Manchmal träumt auch nur ein Partner einen Beziehungstraum, aber der andere kann diese Nachtseite des Beziehungsbewusstseins auf- und ernst nehmen. Helene (47), Hauswirtschaftsmeisterin, träumte zweimal von ihrem Ehering. Helene: „Im ersten Traum war mir der Ehering eingewachsen. Er tat mir immer weher. Plötzlich rann Blut von meinem Ringfinger. Ich wischte es ab. Vergebens. Es floss weiter. Ich klebte ein Pflaster darüber. Es floss immer noch. Im zweiten Traum hatte ich den Ehering verloren. Jetzt war er offensichtlich zu weit geworden und mir ins Klo gefallen. Ich war untröstlich und mochte es meinem Mann nicht sagen."

Die Paartherapie brachte es an den Tag: Helene empfand die Ehe mit Christoph, einem gleichaltrigen Diplomkaufmann, als einschnürend. Liebe ist ein Kind der Freiheit. Die beiden hockten Abend für Abend unter der Käseglocke ihrer Zweierbeziehung zusammen. Es fehlte ihnen der Sauerstoff der Distanz, der Eigenunternehmungen und damit der Neugier aufeinander. Es war sozusagen Helenes Herzblut, das da nicht aufhören wollte zu fließen. Dass im zweiten Traum schließlich Helenes Ehering überhaupt verloren ging und in der Kanalisation landete, zeigte die Gefährdung dieser Ehe. Der Ehering drückt die Verbundenheit der Gemeinschaft aus. Es war nicht untypisch, dass die Ehefrau Helene den Alarmtraum hatte. Frauen spüren eher das Kriseln einer Beziehung. Männer sitzen das Beziehungselend aus.

Nicht selten empfinden Paare die gleiche Not in ihrer Beziehung, aber sie akzentuieren sie in verschiedenen Bildern und Träumen. Ich war erschrocken, als Dorothea (44) mir ihren Vergewaltigungstraum erzählte. Dorothea: „Ich sitze in meinem Musikzimmer und spiele Klavier. Da öffnet mein Mann Ernst die Tür und schließt sie hinter sich zu. Schritt für Schritt kommt er auf mich zu und drängt mich in die Ecke. Dann reißt er mir mit Gewalt die Kleider vom Leib. Er nötigt mich zum Geschlechtsverkehr. Ich schreie und weine, aber es hilft alles nichts. Danach setzt er sich auf einen Stuhl vor die Tür und lässt mich nicht wieder hinaus." Auch Ernst (42) steuerte einen aktuellen Traum bei: „Ich bin in unserem Haus. Alle Böden und Treppen sind mit einer honigartigen Substanz bestrichen. Ich komme nicht vorwärts. Ich klebe mit meinen Schuhen fest. Jetzt versuche ich, barfuß weiterzulaufen. Ich falle der Länge nach hin. Ich kann nicht wieder aufstehen. Ich schreie um Hilfe. Aber meine Schreie erreichen meine Frau nicht. Dabei weiß ich, dass sie zu Hause ist."

Wie ich erleichtert feststellte, gab es in der Ehe von Ernst und Dorothea keinerlei Gewalt, schon gar nicht eine sexuelle. Der Traum musste also etwas anderes bedeuten. Träume sind keine Fotografien der Seele, sondern mittelbare „codierte" Botschaften. Dorothea fühlte sich in dem Sinn von Ernst „vergewaltigt", dass er jeden ihrer Schritte kontrollierte, sie immer um sich haben wollte und ihr zum Beispiel nicht gestattete, allein mit einer Freundin ins Kino zu gehen. Ernst war allgegenwärtig, besonders an den Abenden und an den Wochenenden. Sie fühlte sich wie eine Maus in einer Lebendfalle. Das Paradoxe war nun, dass unser kontrollierender Ernst seinerseits die Ehe als Zweikomponentenkleber empfand, als symbiotisch, efeuhaft umschlingend. Dass er selbst der „Täter" war, mochte er freilich nicht zu erkennen. Mit einer Reihe von „Liebesverträgen", wie ich sie in meinem Buch „Das sprachlose Paar" erläutert habe, führten Ernst und Dorothea der Ehe frischen Sauerstoff zu. Paare ahnen gar nicht, wie schöpferisch sie sein können. Es ist eine therapeutische Lust, sie bei der Reanimation ihrer Beziehung zu erleben!

Ähnlich verhielt es sich bei Jürgen und Sarah. Jürgen präsentierte in der Paartherapie einen Traum, der die eheliche Situation und seine eigenen Defizite schlagartig erhellte. Jürgen: „Im Traum sitze ich in unserem Esszimmer. Wir haben Freunde eingeladen. Sie reden alle fröhlich. Vor allem meine Frau führt das Gespräch. Ich sage kein Wort. Warum nur? Ich begreife es nicht. Kein Wort kommt aus meinem Mund. Nun gehe ich ins Badezimmer und schaue mich im Spiegel an. Ich sehe, meine Lippen sind vernäht. Ich bin entsetzt. Ich kehre zurück in die muntere Tischgesellschaft. Ich stelle mich vor meine Frau und zeige mit meinen Händen auf meinen vernähten Mund. Doch sie sieht gleichgültig über mich hinweg. Die Tränen laufen mir herunter. Da betritt ein knorriger Wanderer mit einem schweren Rucksack das Speisezimmer. Ich laufe zu ihm hin. Der holt ein Messer mit einem Horngriff aus seinem Rucksack und schneidet mir die Nähte durch. Ich bin erleichtert. Wieder gehe ich in das Badezimmer und schaue mich im Spiegel an. Ich öffne den Mund und erschrecke ein zweites Mal. Ich habe nur noch Milchzähne. Sie sind ganz klein und zum Kauen ungeeignet."

Was war los mit dem Zahntechniker (!) Jürgen (49) und Sarah (48), Kindergartenleiterin? Die Therapie brachte es zutage. Sarah, ein Alphatier, war dominant in dieser Ehe. Sie beherrschte das Gespräch. Sie machte die Musik. Sie hatte Jürgen den Mund „zugenäht". Aber zu diesem Mundverbieten braucht es immer zwei, nämlich auch den Partner, der es sich gefallen lässt. Das war Jürgen. Er besaß, metaphorisch gesprochen, nur Milchzähne. Er hatte keinen Biss. Deshalb konnte er in der Freundesrunde auch nicht mitreden. Er hatte nichts zu sagen. Er war, wie er einmal selbstkritisch einräumte, noch ein Milchbubi.

Aber Jürgens Traum enthielt auch einen Hoffnungsschimmer in der archetypischen Gestalt des starken Wandersmanns mit seinem prall gefüllten Rucksack. Das war, subjektstufig gedeutet, die noch unentfaltete, virtuelle Männlichkeit in Jürgen selbst. Was in seinem Lebensrucksack an Schätzen lag, das durfte er nunmehr entdecken. Damit konnte er endlich auch Sarah selbstbewusst gegenübertreten und eine eheliche Ebenbürtigkeit herstellen.

Paare arbeiten unbewusst nach dem Prinzip der emotionalen Arbeitsteilung. Oft ist sie, wie ich in meinem Buch *Das Geheimnis der Partnerwahl* analysiert habe, eine *Kollusion*, das heißt ein unbewusstes neurotisches Zusammenspiel der unglücklich Liebenden: Solange ein Jürgen seine wehrlosen kleinen Milchzähnchen behält, muss Sarah ihre aggressiven Reißzähne zeigen. Erst wenn ein Jürgen Konfliktfähigkeit und Standfestigkeit entwickelt, kann sich die – durchaus beziehungsnotwendige – Aggression auf beide Partner verteilen. Jürgens Traum erwies sich als Entwicklungshilfe für das Paar. Wie sagt doch Georg Christoph Lichtenberg (in *Sudelbücher*): „Wenn Leute ihre Träume aufrichtig erzählen wollten, da ließe sich der Charakter eher daraus erraten als aus dem Gesicht."

Einen Brückentraum hatte Jutta. Das war ein tragischer Fall. Die Sportlehrerin (32), ein Kind, war mit dem zehn Jahre älteren Thorsten, einem Kneipenwirt, verheiratet. Thorsten trank. Er war, nach der Nomenklatur des amerikanischen Alkoholismusforschers Jellinek, ein *Spiegeltrinker*, wie das nicht selten in der Gastronomie der Fall ist. Er brauchte täglich sein Quantum Alkohol, vor allem scharfe Getränke. Das Quantum stieg von Jahr zu Jahr. Jutta kam zu mir in die Einzeltherapie und erzählte mir folgenden Traum:

„Ich gehe mit Thorsten einen langen Feldweg. Er geht schnell und immer stur vor mir her. Ich hätte so gerne, dass wir uns an den Händen halten und miteinander sprechen. Dabei trage ich unseren Proviantrucksack. Thorsten ist ohne jedes Gepäck. In der Ferne erscheint eine Hängebrücke für Fußgänger. Wir laufen darauf zu. Im Näherkommen merke ich, dass die Brücke gefährlich hin und her schwankt. Ich rufe Thorsten zu: ‚Da können wir nicht hinüber. Wir riskieren unser Leben.' Der Fluss unter der Brücke ist reißend und tief. Aber Thorsten hört nicht auf mich. Er rennt über die Brücke, die hin und her schlingert. Dann bricht die Brücke mit einem grollenden Geräusch zusammen. Thorsten schleudert es ans andere Ufer. Dort sitzt er verletzt. Ich rufe ihm zu, dass ich Hilfe hole. Aber er hört nicht zu, sondern wendet sich von mir ab. Mit einem entsetzlichen Gefühl in der Brust wache ich auf."

Der Traum nahm vorweg, was in den nächsten Monaten in der Realität eintraf. Die Ehe war nicht mehr zu retten. Thorsten weigerte sich, eine Entziehungskur zu machen. Er war nicht bereit, zur entscheidenden *Kapitulation*, wie die Anonymen Alkoholiker es nennen. Es hätte für ihn bedeutet, offen zu sagen: „Ich bin alkoholkrank. Der Alkohol ist stärker als ich. Ich brauche Hilfe." Auch eine Paartherapie lehnte er ab. Die schwankende Brücke hatte, so schien es uns, den schwankenden Lebensgang des Alkoholikers und die labile Ehe symbolisiert. Jutta leitete die Scheidung ein. Die Brücke zwischen Jutta und Thorsten war, wie der Traum ahnungsvoll visualisierte, eingestürzt.

Irene (58), Krankengymnastin, mit dem sieben Jahre älteren Richard verheiratet, hatte einen klassischen Einbrechertraum. Irene: „Ich lag allein im Ehebett im ersten Stock unseres Hauses. Mein Mann war weg. Er war, wie er gesagt hatte, auf einer Tageswanderung mit zwei früheren Arbeitskollegen. Es könne, so hatte er undeutlich gemurmelt, mit seiner Heimkehr etwas später werden. Plötzlich hörte ich Geräusche und eine Tür gehen. Ich hatte große Angst. Da war ein Einbrecher. Er rumorte im unteren Stock herum. Dann hörte ich seine Schritte auf der Treppe in den ersten Stock. Im Traum versteckte ich mich in einem Einbauschrank im Schlafzimmer. Mein Herz klopfte. Würde der Einbrecher mich finden und töten, fragte ich mich. Es dauerte eine Ewigkeit, bis seine Schritte verhallten. Dann traute ich mich wieder aus dem Schrank heraus. Meine Bestürzung war unbeschreiblich, alle Möbel im Haus waren verschwunden, sogar das Ehebett. Dass dies absurd und von einem einzigen Einbrecher in dieser kurzen Zeit technisch überhaupt nicht zu bewerkstelligen war, fiel mir nicht auf. Ich stand nur da in der Leere des Hauses und dachte, ‚alles ist aus'. Es war ein Albtraum, über den ich mich nach dem Erwachen tagelang nicht beruhigen konnte."

Ein Einbruch kann bedeuten, dass fremde Kräfte in das Haus des Träumenden eindringen, die dort nicht hingehören und ihn seiner Lebenswirklichkeit berauben. So war es auch hier. Was Irene zu diesem Zeitpunkt nicht wusste, war, dass Richard, ein Rentner mit viel Zeit, sich eine Geliebte zugelegt hatte. Während Irenes beruflicher Abwesenheit hielt diese sich sogar öfters tagsüber im Haus des Ehepaares auf. Sie brach im Wortsinn in das Leben und Haus des Ehepaares ein. Die Ehe zerbrach an diesem Einbruch. Das Haus musste verkauft, die Möbel ausgeräumt werden. Irene verkroch sich allerdings nicht mehr im Wandschrank, sondern baute sich zielstrebig ein neues Haus der Freundschaften und

Beziehungen auf. Aber der „Einbruch" lähmte sie zunächst über Monate hinweg.

Träume bedienen sich aus dem Fundus der Wirklichkeit. Dort holen sie ihre Versatzstücke her. Das können die Alltagsimpressionen, aber auch Filme, Landschaftseindrücke, Märchen und Mythen sein. Der Kultfilm *King Kong* beflügelte augenscheinlich die Fantasie des Werbefachmanns Franziskus (42). Seine Ehe mit der gleichaltrigen Gitta wurde durch die beiden Kleinkinder stressig. Als Franziskus zu Beginn der Paartherapie seinen urkomischen Traum erzählte, mussten wir alle drei lachen:

„Gitta und ich waren im Kinderzimmer. Der Uhrzeiger zeigte zehn Uhr abends an. Die Kinder wollten um alles in der Welt nicht einschlafen. Sie quengelten, stritten und heulten, so dass ich voller Wut war. Ich hatte jedoch Angst, energisch zu werden, weil die Gören dann vielleicht noch aufsässiger geworden wären. Eigentlich hatte ich mich endlich einmal auf einen ruhigen Abend mit Gitta gefreut und wollte mit ihr schlafen. Aber daraus wurde ja wieder einmal nichts. Plötzlich flog mit einem gewaltigen Knall die Tür des Kinderzimmers auf. King Kong stand, etwa drei Meter hoch, vor uns. Er würdigte mich keines Blickes. Der Riesengorilla packte Gitta mit einem Arm, sprang durch das Fenster, hangelte sich am Regenrohr in den Garten und suchte laut kreischend mit seiner blonden Beute das Weite. Ich nicht faul raste ihm nach. Über Stock und Stein verfolgte ich King Kong. Meine Frau schrie in den Armen des Ungeheuers. King Kong rannte an das Ufer eines Flusses. Dann kam er nicht weiter. Ratlos blickte er sich um. Meine Frau schrie noch kräftiger. Da hob ich einen Wackerstein auf und schmiss ihn King Kong an den Kopf. King Kong war benommen. Er wankte und ließ Gitta fallen. Ich schrie King Kong an ‚Hau ab'! Tatsächlich, er hangelte sich an den Ästen der Uferbäume entlang weg aus unserem Blickfeld. Gitta schaute zu mir auf. Jetzt war ich plötzlich drei Meter groß und fühlte mich so stark wie noch nie. Ich lud Gitta wie ein kleines Kind auf meine Schulter und trabte mit weit schwingenden Sprüngen stolz nach Hause. Die Kinder hatten wir in diesem Augenblick beide vergessen."

Der Traum machte Franziskus und Gitta einiges klar. Da war einmal die totalitäre Besetzung ihrer Ehe durch die Kinder. Sie nahmen sich sozusagen nur noch als „Vati" und „Mutti" wahr. Das ist ebenso lusttötend wie lange Unterhosen im Ehebett.

Der Traum zeigte aber auch die geheime Angst von Franziskus, Gitta könne sich einem Urvieh von Mann zuwenden; einem Kerl wie King Kong, der sie einfach ohne viel Federlesen nehmen und in sein Baumnest verschleppen würde. Aber der Traum enthielt, was Franziskus entzückt erkannte, auch eine Mut machende Pointe: Er selbst war am Ende der King Kong, drei Meter hoch; ein faszinierender neuer Mann in Gittas Augen. Genau das war die kompensatorische Funktion des Traumes: Franziskus auf den King Kong im Manne zu verweisen und seine triebhafte Affennatur leben zu lassen.

Sexualität, diese Mangelware im Leben des Paares, kann man nicht mit doppeltem Durchschlag demütig beantragen, man muss sich sozusagen auf die behaarte Brust trommeln und sie lustvoll holen. Der Traum illustrierte die männliche Entwicklungsaufgabe von Franziskus in einer grellen Inszenierung und Übertreibung. Der Traum ist oft wie ein Nachhilfelehrer, der mit dramatischen Effekten arbeitet.

C. G. Jung sagt es in seinem Frühwerk *Allgemeine Gesichtspunkte zur Psychologie des Traumes* (1916) so: „Je einseitiger und je weiter wegführend vom Optimum der Lebensmöglichkeit die bewusste Einstellung ist, desto eher ist die Möglichkeit vorhanden, dass lebhafte Träume von stark kontrastierendem, aber zweckmäßig kontrastierendem Inhalt als Ausdruck der psychologischen Selbststeuerung des Individuums auftreten." King Kong lässt grüßen.

Die Hohe Schule des Traumes
Klarträume gegen Albträume

Ich habe die komische Angewohnheit, alle Leute, die hereinkommen, durch ihre Träume zu identifizieren; sie prägen sich mir dadurch stärker als durch irgendwelche Vornamen ein. Dieser eine Kerl zum Beispiel, der in einer Kugellagerfabrik in der Stadt arbeitet, träumt jede Nacht, er läge auf dem Rücken und habe ein Sandkorn auf der Brust. Nach und nach wird es immer größer, bis es so groß wie ein mittleres Haus ist und er keine Luft mehr bekommt. Von einem anderen Mann weiß ich, dass er immer denselben Traum träumt, seit man ihm als Kind unter Äthernarkose die Mandeln und die Polypen herausgenommen hat. In diesem Traum klemmt er in den Walzen einer Baumwollspinnmaschine und muss um sein Leben kämpfen.

Sylvia Plath
Johnny Panic und die Bibel der Träume
(in *Die Bibel der Träume*)

Der Begriff Albtraum geht auf die Fabelwesen der Germanen zurück. Die Alben waren nach ihrer Auffassung böse Chimären, also halb Mensch, halb Tier. Sie machten den Menschen schlechte Träume, indem sie sich nächtlings auf die Brust der Träumer hockten und den „Albdruck" erzeugten. Der Schweizer Maler Johann Heinrich Füssli zeichnete 1721 in seinem Gemälde *Der Nachtmahr II* diesen vermeintlichen Dämon.

Albträume kennen wir alle. In Zeiten der Kriegserlebnisse, der Vergewaltigung der Frauen oder der Naturkatastrophen häufen sie sich. Viele New Yorker suchten nach dem Terroranschlag auf die Twin Towers am 11. 9. 2001 mit ihren Albträumen einen Psychiater auf. Überlebende des

Holocaust leiden noch nach Jahrzehnten an grausamen Albträumen. Frauen, die in ihrer Kindheit sexuell missbraucht wurden, erfahren als Erwachsene den *pavor nocturnus*, das nächtliche Aufschrecken vor Furcht. Herzpatienten erzählen, dass sie vor dem Infarkt (von *farcere, verstopfen*) in einer Serie von Albträumen eine fürchterliche Beklemmung in der Brust spürten. Ihre Träume dienten als Frühwarnsystem der Krankheit. Sie hatten damit eine quasi therapeutische Funktion. Nietzsche diagnostiziert (in *Über Wahrheit und Lüge im außermoralischen Sinne*): „Die Fantasie der Angst springt dem Menschen dann auf den Rücken, wenn er schon am schwersten zu tragen hat."

C. G. Jung hat das Unbewusste aus dem Bereich des rein Negativen und Neurotischen geholt und immer wieder als schöpferische Quelle und Potenz der Ganzwerdung gewürdigt. Er sagt: „Das Unbewusste ist keineswegs, wie es in der Freudschen Auffassung erscheint, ein an sich leerer Sack, in dem die Abfälle des Bewusstseins gesammelt werden, sondern es ist die ganze andere Hälfte der lebendigen Seele. Ja noch mehr: Es ist eine seelische Spiegelung der ganzen Welt."

Dies ist mir bei Daniela klar geworden. Die verheiratete Kauffrau (38) kam nicht mehr aus ihrer Trauer über den Tod ihrer vierzehnjährigen Tochter Annabelle hinweg. Annabelle war in die Drogenszene geraten und hatte sich in eine heil- und wahllose Sexualität mit vielen Jungen verstrickt. Sie hoffte, auf diese Weise Liebe zu bekommen. Zwei Wochen, nachdem Annabelle sich unter dem Druck ihrer Eltern und des Vertrauenslehrers zu einem Entzug in einem Jugendsuchtprojekt entschlossen hatte und die Familie bereits aufatmete, erlitt sie einen Rückfall. Nach exzessivem Kokainkonsum sprang sie, wie die Tochter der Schauspielerin Lieselotte Pulver, von der Turmbrüstung einer Kirche in die Tiefe.

Die Mutter Daniela erstarrte. Sie mumifizierte gleichsam den Schmerz und die Erinnerung an ihre Tochter, indem sie deren Kinderzimmer in ein museales Heiligtum verwandelte. Sie verbot der Familie, trotz der beengten Verhältnisse in der Mietwohnung, das Zimmer zu nutzen, ja darin etwas zu verändern. Nach dem Suizid Annabelles litt Daniela unter einem immer wiederkehrenden Albtraum, in dem die Tochter auftauchte, sie an der Hand packte und in den Todessprung vom Kirchturm mit hinunterriss. Das heißt, Daniela war noch ganz im Bann des depressiven Todestriebes. Obwohl die Albträume allmählich verschwanden, verharrte Daniela äußerlich in ihrem Seelenstupor.

Gegen ihren Widerstand versuchte ich Daniela deutlich zu machen, dass ihr Unbewusstes ein Licht am Ende des Tunnels signalisierte. Denn inzwischen erzählte mir Daniela einen zweiten Traum. Diesmal erschien ihr Annabelle in einem schneeweißen luftigen Kleid aus Tüll. Daniela: „Sie sah aus wie ein Engel. Sie führte mich an eine Quelle und deutete mit der Hand auf sie. Dann verschwand Annabelle wieder. Was heißt das?"

Wir wurden deutend fündig. Es war wohl der archetypische Quell des Lebens, aus dem die Mutter trinken und in das Leben zurückkehren sollte. Annabelle hatte sich in Danielas Traum in eine Art Schutzengel, wieder eine archetypische Figur, verwandelt, der ihr den Weg wies. „Ich habe den Tod gewählt", hieß die Botschaft, „du aber sollst leben, deinetwegen, um deines Mannes und meiner Geschwister wegen." Was Daniela passierte, nämlich den Albtraum als Spiegel ihrer Trauer und zugleich der beginnenden Aufhellung zu verstehen, fasst Verena Kast (in *Träume*) in die grundsätzlichen Worte: „Albträume treten dann auf, wenn die ihnen zugehörigen Emotionen vom Traum nicht verarbeitet werden können. ... Lässt man sich den Traum genau schildern, indem man bittet, ihn sich noch einmal imaginativ vorzustellen – am sicheren Ort der analytischen Beziehung, wo der Therapeut, die Therapeutin jederzeit eingreifen kann –, wird deutlich, dass es durchaus ganz kleine Veränderungen gibt, die der Träumer oder die Träumerin in der Regel nicht wirklich wahrnehmen kann."

Einen immer wiederkehrenden Albtraum im Kirchenmilieu erlebte die zweiundsiebzigjährige frühere Religionslehrerin Waltraud. Sie litt unter einer so genannten *ekklesiogenen Neurose,* einer Schädigung durch frühen religiösen Missbrauch. Waltraud war eine aus der französischen Schweiz stammende Protestantin streng calvinistischer Observanz, durch die düstere Prädestinationslehre des Genfer Eiferers Johannes Calvin (1509– 1564) bestimmt (nur wenige Auserwählte gelangen in das Himmelreich, die Mehrheit der Menschheit ist zur ewigen Verdammnis in der Hölle verurteilt). Waltraud, mit einem Deutschen verheiratet und seit Jahrzehnten hierzulande tätig, war zu mir in die Therapie gekommen, um im Rückblick ihr Leben zu integrieren, das Böse zu überwinden und das Gute annehmen zu können.

Waltraud schilderte mir ihren religiösen Albtraum (auf den Kern reduziert) etwa so: „Ich knie in einer romanischen Kirche einsam in der vordersten Bank. Ich tue das schon stundenlang. Meine Knie schmerzen. Unter dem gewaltigen Gewölbe fühle ich mich wie eine Ameise, die jederzeit durch einen einzigen Fußtritt zermalmt werden kann. Hoch über mir sehe ich inmitten eines ornamentalen Dreiecks das Auge Gottes abgebildet. Es schaut mich strafend an und kennt jede Falte meiner sündigen Seele. Es ist eiskalt in der Kirche. Ich fühle mich unwürdig. Dann entdecke ich, dass ich untenherum nackt bin. Ich schäme mich furchtbar. Ich will aus der Kirche heraus, aber alle Türen sind verschlossen. Ich knie mich wieder nieder. Da erscheint der Pastor. Er schleppt mit beiden Händen eine Bibel, die so groß und schwer wie ein Koffer ist. Er öffnet sie mühsam und hält eine Predigt. Ich verstehe kein Wort. Ich sehe nur, dass er auf mich deutet und wütend ist. Dann kommt er mit dem Abendmahlskelch auf mich zu. Aber er sieht mich missbilligend an, geht mit dem Kelch an mir vorbei und löst sich in Luft auf. In der Kirche ertönt eine wüste Katzenmusik. Dann betritt ein katholischer Priester mit einem Buben als Ministrant die Apsis (Altarnische – M.J.). Er feiert nach römisch-katholischem Ritus die Messe. Nach der Konsekration (der Verwandlung der Hostie in den „Leib des Herrn" – M.J.) schreitet er zu mir und reicht mir die Hostie. Aber ich bin doch Protestantin, denke ich. Ich schlucke sie brav, bis ich merke, dass es eine bittere Medizin ist. Ich wage nicht, sie auszuspucken. Jetzt füllt sich die Kirche mit Nebel. Ich sehe gar nichts mehr. Es riecht nach Fäulnis und Schimmel. Eine Alarmsirene ertönt. Ein Reh erscheint. Es schaut mich fragend an. Es ist voller Anmut und Grazie. Es fühlt sich offensichtlich nicht wohl in dieser höllischen Kirche und enteilt mit hohen leichten Sprüngen ins Freie. Es muss also doch eine offene Tür geben. Dann erwache ich."

Ich gebe Waltrauds Traum, im Gegensatz zu den früheren, etwas ausführlicher wieder, weil er beispielhaft die zunächst wirr scheinende Konfiguration aller möglichen bizarren Einfälle und Gedächtnisfetzen enthält. Träume sind, wie die Forschung sagt, *hyperkonnektiv*, das heißt extreme Zusammenhänge herstellend. Das Traum-Ich verschmilzt Gedächtniselemente, die das Wach-Ich in der Realität getrennt und über Jahre verstreut erlebt. Der Traum ist ein Amalgam vertrauter und fremder Personen, unterschiedlicher Orte und Symbole. Aus verschiedenen Erlebnissen bildet sich das Konglomerat der Traumepisoden.

Freud fand für diesen Vorgang den Terminus *Verdichtung*. Die richtunggebende Kraft hinter diesem symphonischen Treiben sind die Gefühlszentren des Gehirns. Die farbigsten Träume und ihre oft exzentrischen Bilder gebären sich in den REM-Schlafphasen. In ihnen sind besonders der Hippocampus und die Amygdala aktiv, also die Schlüsselzentren für Gefühle und Erinnerungen.

Waltraud staunte selbst über die düsteren Requisiten aus dem Fundus ihres Traumtheaters: Eine turmhohe Kirche, ein wütender evangelischer Pastor, eine kofferschwere Bibel, ein verweigerter Abendmahlskelch, ein katholischer Priester und sein Ministrant, der übrigens ständig obszöne Gesten zu ihr hin gemacht hatte, eine Hostie als bitteres Medikament, Katzenmusik, Nebel, ein schönes Reh. Geduldig dröselten wir Waltrauds kirchliche Kakophonie auf. Waltraud war bis in ihre Sexualität hinein („untenherum nackt") durch die kirchlichen Dogmen geschädigt. Die Kirche war ihr immer „eiskalt" vorgekommen. Vor dem alttestamentarisch drohenden Gott, den ihr die Kirchenfunktionäre beigebracht hatten, war sie, bildlich gesprochen, auf schmerzenden Knien gelegen. Die Bibel erlebte sie nicht als Frohbotschaft, sondern als eine gefährliche Kofferbombe. Als Jugendliche und noch bis hinein ins Erwachsenenalter fühlte sie sich unwürdig, den Abendmahlskelch anzunehmen. Verzweifelt hatte Waltraud sich auf die Suche nach der „richtigen" Religion begeben und sich eine Zeit lang der katholischen Kirche angenähert. Aber diese erwies sich für sie als eine bittere und untaugliche Medizin. In einem so genannten Beichtgespräch im Arbeitszimmer eines katholischen Priesters hatte dieser die junge Frau in einer schamlosen und sexuell missbräuchlichen Art und Weise über die erotischen Praktiken in ihrer jungen Ehe verhört. Das symbolisierte der Traum wohl mit den obszönen Gesten des Ministranten. Obwohl Waltraud als Religionslehrerin ein theologisches (Schmalspur-) Studium absolviert hatte, wurde ihr die leidvolle Kreuzestheologie, wie sie sagte, „nebulös".

Doch Waltraud fand, ähnlich wie der Theologe Eugen Drewermann, im Rentenalter den Mut, aus der Kirche auszutreten. So lange hatten sie die im Traum vorkommenden verschlossenen Kirchenpforten an ihrer spirituellen Autonomie gehindert. Sie fand den Weg nicht nach draußen. Interessant ist, dass Waltraud die positive Fluchthilfe und das Ende dieses Albtraums selbst nicht wahrzunehmen vermochte: Das schöne Reh, das eine offene Kirchenpforte entdeckte und mit weichen federnden Sprüngen seine Freiheit gewann.

Objektstufig hatte das Tier mit einem Reh zu tun, das Waltrauds Vater, ein Förster, in einem hohen Feld als mutterloses Kitz gefunden, nach Hause gebracht, mit Milchfläschchen aufgepäppelt und, zusammen mit Schafen, in einem Gehege hinter dem Haus gehalten hatte. Waltraud hatte „Bambi", wie sie das vierbeinige Glück tauften, über alle Maßen geliebt. Das zutrauliche Bambi war, so gesehen, ein Symbol der Arglosigkeit und unbeirrbaren Zuneigung. Subjektstufig war das Reh in der Kirche Waltraud selbst, das unverfälscht Gute und Kindlich-Klare in ihr, ihre bewegte und bewegliche Seele, ihre Naturverbundenheit und schlichte Gläubigkeit, die, alle zusammen, ihr den Weg, wie sie formulierte, in die „allgöttliche Natur" draußen wiesen. Waltraud lernte im Rentenalter, sich ihrer Anmut und Klugheit bewusst zu werden und mit weiten Rehsprüngen in das Reich der Freiheit zu springen.

In dem „Reh-Finale" von Waltrauds Traum zeigt sich seine antizipatorische, also vorgreifende, und widerständige Kraft, die dem Realbewusstsein weit voraus ist. C. G. Jung beschreibt diesen Eigen-Sinn des Traumwissens (in *Vom Wesen der Träume*) mit den Worten: „Wir müssen annehmen, dass das Unbewusste, die Matrix der Träume, eine selbstständige Funktion hat. Ich bezeichne dies als *Autonomie des Unbewussten*. Der Traum gehorcht nicht nur nicht unserem Willen, sondern stellt sich sogar recht häufig im grellen Gegensatz zu den Absichten des Bewusstseins."

Albträume haben wie Verfolgungsträume eine wichtige innerpsychische Funktion: Sie machen uns das Wegschauen unmöglich. Markus (47), ein Spitzenjurist und Chefjustiziar eines Konzerns, berichtete mir einen Verfolgungstraum, der zunächst absurd erschien: „Ich gehe auf einer Autobahn. Weit und breit ist kein Auto zu sehen. Ich kann kein Ziel erkennen. Die Gegend ist öde und ohne Abwechslung, flaches steppenartiges Land. Dann höre ich hinter mir Schritte. Es ist ein übergewichtiger Mann mit krebsrotem Apoplektikergesicht (Schlaganfallgesicht – M. J.), der keuchend hinter mir herrennt. Ich habe Angst vor ihm. Ich beginne auch zu rennen. Ich spüre seinen Atem im Nacken. Der Mann trägt einen schwarzen Aktenkoffer. Wird er mich damit erschlagen, frage ich mich. Ich renne um mein Leben. Der Schweiß rinnt mir in die Kleider. Kein Wort fällt zwischen uns. Mein Herz jagt. Mein Rücken brennt. Ich renne, renne und renne. Erschöpft wache ich auf."

Markus träumte diesen Traum immer wieder. Auf der objektiven Ebene, so fanden wir heraus, symbolisierte der verfolgende Mann Markus „mörderischen Beruf". Dieser ließ ihn tatsächlich bis in die Träume hinein nicht los. Sein Beruf war ein unaufhörliches Rennen auf einer Asphaltbahn ohne Ziel und inmitten einer gefühlsmäßig versteppten Geschäftswelt. Die rechte Hand war nicht frei, sie musste ständig den verdammten Aktenkoffer tragen. Subjektstufig erkannte Markus in dem keuchenden kranken Verfolger sich selbst: Markus war fehlernährt, übergewichtig, Raucher und herzkrank. Mit seinen siebenundvierzig Jahren hatte er bereits eine Dilatation, eine Erweiterung eines seiner Herzkranzgefäße, hinter sich. Der Kardiologe hatte ihn gewarnt, wenn er so mit seinen Stressfaktoren weiterlebe, könne ihm eine Bypassoperation drohen. Selbst eine kürzliche Bandscheibenoperation drückte sich in dem Bild des brennenden Rückens des Träumenden aus.

Markus verstand den dringlichen Appell seines Unbewussten. Er reduzierte seine Arbeit, stellte das Rauchen ein und die Ernährung um. Er definierte den Sinn seines Lebens neu. Bei ihm bestätigte sich das Wort C. G. Jungs (in *Die praktische Verwendbarkeit der Traumanalyse*, 1931): „Der Traumanalyse muss eine ganz besondere Aufmerksamkeit geschenkt werden, denn manchmal handelt es sich sogar um direkte Lebensgefahr."

Wir können mit unseren Träumen arbeiten. Das ist, wie wir sahen, das Ergebnis aller Traumdeutungen. Besonders kann man dies mit der Technik der *Luziden Träume*. Der Begriff geht auf den niederländischen Psychiater Frederik Willems van Ehden zurück, der bereits 1913 über 352 von ihm protokollierte *Klarträume*, die deutsche Übersetzung des Fachterminus, berichtete. Im Luziden Traum (von lat. *lux*, Licht) betritt das Wach-Ich den Traum. Das kennt jeder von uns. Wir erkennen während des Traumes, dass wir träumen. Jetzt schiebt sozusagen unser Wach-Ich als Regisseur den Kollegen Regisseur vom Unbewussten auf die Seite und verändert den Traumfilm eigenmächtig. Man könnte das auch das *Paradoxe Träumen* nennen. Mit Klarträumen besiegt der Träumer die Dämonen der Nacht.

So lernte Evelyn (36), eine sexuell missbrauchte Frau, wie sie mir berichtete, durch ihre Therapeutin, aktiv in ihre quälenden Vergewaltigungsträume einzugreifen. Als sich im Traum der Kreis alkoholisierter und enthemmter männlicher Jugendlicher um sie immer bedrohlicher zusammenzog, „zauberte" sie sich im Traum ein Gewehr herbei und jagte alle in die Flucht. Evelyn hatte diese Intervention trainiert, indem sie sich den Satz „Ich habe ein Gewehr, ich kann mich verteidigen" wie ein Mantra einübte. Das Gewehr stand für ihr gewachsenes Selbstbewusstsein. Sie hatte inzwischen auch erfolgreich einen Selbstverteidigungskurs absolviert. Damit vermochte sie neben anderen Hilfsmitteln, ihre posttraumatische Belastungsstörung auszuschleichen. Die Therapeutin hatte mit Evelyn etwas Hilfreiches unternommen: Sie ließ sie den bösen Albtraum malen und danach ein zweites Albtraumbild, aber mit einem guten Ende. Dieses Bild hängte sich die anfänglich so phobische Patientin über ihr Bett und bannte damit den Schrecken.

Brigitte Holzinger betont (in *Anleitung zum Träumen*): „Der *Luzide Traum* als Therapieform bietet sich bei der Behandlung von Albträumen geradezu an. Bewusstes Träumen, kombiniert mit aktivem Eingreifen in das Traumgeschehen, kann die Patienten von Albträumen befreien, ein angstfreies Schlafen ermöglichen und neues Selbstbewusstsein wachsen lassen."

Immer wieder berichten mir Frauen und Männer von Träumen, in denen sie fliegen können. In der Psychologie Freuds symbolisiert das Fliegen Sexualität und Ekstase. Mir scheint das zu einseitig. Fliegen ist eine uralte Menschheitssehnsucht, die wir uns im Traum erfüllen. Drückt es nicht auch unsere Fähigkeit aus, die gegenwärtige Situation zu transzendieren, Weite und Übersicht zu gewinnen und eine nie gekannte Freiheit zu spüren? Fliegen kann natürlich auch eine narzisstische Kompensation bedeuten, wenn die Realverhältnisse selbst armselig sind. Als Internatsschüler und Underdog träumte ich oft davon, nach Art eines Batman die engen Klostermauern zu überqueren und als heimlicher Herrscher über die Kontinente zu segeln und bewundert zu werden.

Fliegen kann auch ein Antidot, ein Gegengift, gegen den Albtraum darstellen. Clarissa (11) berichtete mir, im Traum griffen sie öfters gewaltige furchterregende Dinosaurier an. Natürlich haben wir in der Beratungsstunde zusammen mit den Eltern erforscht, welche realen Gegner sich hinter den geträumten Dinosauriern versteckten: Es waren zwei Schuljungen, die sie auf ihrem Heimweg regelmäßig belästigten. Aber Clarissa hatte auch etwas Schnurriges, das uns alle zum Lachen brachte: „Wenn die Dinosaurier wiederkommen, fliege ich im nächsten Traum einfach über sie hinweg." Das erinnert an den Dichter Jean Paul (1763–1825), der seinen gewitzten Helden Siebenkäs sagen lässt: „Die Gewissheit zu träumen erweise ich mir zugleich, wenn ich zu fliegen versuche und es vermag ... Wahrhaftig selig, leiblich und geistig erhoben, flog ich einige Male steil recht in den tiefblauen Sternhimmel empor und sang das Weltgebäude unter dem Steigen an."

Es ist übrigens der gleiche Roman *Siebenkäs*, in dem der Dichter den Albtraum philosophisch als eine Form des existenziellen Zweifels an Gott und eines theologischen Konjunktivs („Es könnte auch alles ganz anders sein") ausdrückt. Siebenkäs träumt, er erwache um elf Uhr nachts auf dem „Gottesacker", einem nächtlichen Friedhof: „Die Kirche schwankte auf und nieder unter zwei unaufhörlichen Misstönen, die miteinander kämpften und vergeblich zu einem Wohllaut zusammenfließen wollten ... Oben am Kirchengewölbe stand das Zifferblatt der *Ewigkeit*, auf dem keine Zahl erschien und das sein eigener Zeiger war. Nur ein schwarzer Finger zeigte darauf, und die Toten wollten die *Zeit* draufsehen. Jetzo sank eine hohe edle Gestalt mit einem unvergänglichen Schmerz aus der Höhe auf den Altar hernieder, und alle Toten riefen: ‚Christus! Ist kein Gott?' Er antwortete: ‚Es ist keiner.'"

Es ist ein langer Traum. In ihm erlebt der Träumer die Zerstörung des Regenbogens, der im Alten Testament (nach der Sintflut) als Symbol für den neuen Bund zwischen Gott und den Menschen gilt. Dann wird es fürchterlich für den träumenden Siebenkäs: „Ich ging durch die Welten, ich stieg in die Sonnen und flog mit den Milchstraßen durch die Wüsten des Himmels, aber es ist kein Gott … Und der schimmernde Regenbogen … stand ohne eine Sonne, die ihn schuf, über dem Abgrunde und tropfte hinunter. Und als ich aufblickte zur unermesslichen Welt nach dem göttlichen *Auge*, starrte sie mich mit einer leeren bodenlosen *Augenhöhle* an; die Ewigkeit lag auf dem Chaos und zernagte es und wiederkäuete sich. – Schreiet, schreiet fort, Misstöne, zerschreiet die Schatten; denn ER ist nicht."

In der therapeutischen Schule des Traumes können wir fliegen, indem wir das Geträumte malen, tonen, im Tanz ausdrücken, psychodramatisch inszenieren, assoziieren, weiter imaginieren, im Sandspiel komponieren, in einem „Traumbuch" protokollieren und ausdeuten. Träume haben eine kathartische, reinigende Kraft. Wir können sie als Hilfe zur Neuorientierung nutzen. Wir dürfen den Traum wie in einem Verhör befragen: Welche Überschrift würde ich dir geben? Bist du vollständig, oder möchte ich dich zu Ende träumen? Was spiegelst du Traum mir wider? Drückt er Erinnerungen an meine Kindheit aus? Welches Grundgefühl hatte ich im Traum? Wovor hatte ich Angst? Was war mir angenehm? Was bedeuten die Symbole des Traums? Habe ich ein reiches oder schmales Traumleben? Warum hat sich dieser Traum so besonders eingeprägt? Deckt sich das Traumerlebnis in irgendeiner Weise mit einem Erlebnis in meiner Realität? Gibt es Brücken zwischen der Realwelt und der Traumwelt? Will der Traum etwas richtig stellen? Fordert er eine Veränderung von mir? Ermutigt er mich zu einem neuen Schritt in meinem Leben? Macht mich der Traum ängstlich, traurig oder glücklich und mutig?

Künstler wehren sich oft, und das nicht ohne Grund, gegen die therapeutische Bearbeitung der Träume. Sie sublimieren sie vielmehr literarisch. Indem sie etwa einen Albtraum zum Bestandteil ihrer Dichtung erhöhen, nehmen sie ihm den Schrecken. Der literarische Horrorspezialist Stephen King schreibt über einen Albtraum als Zehnjähriger: „In diesem Traum bin ich einen Hügel hinaufgekommen. Oben, auf diesem Hügel, war ein

Galgen, um den herum Vögel gekreist sind. Auf diesem Galgen hing ein Gehenkter. Er war nicht durch Genickbruch gestorben, sondern der Strick hatte ihn erwürgt. Das hat man daran gesehen, dass sein Gesicht aufgedunsen und grau war. Wie ich mich ihm genähert habe, hatte er plötzlich seine Augen geöffnet, seine Hände ausgestreckt und nach mir gegriffen. Ich bin schreiend aufgewacht, mir war nicht nur heiß und kalt gleichzeitig, ich hatte auch noch Gänsehaut überall. Stundenlang konnte ich nicht mehr einschlafen, und in den nächsten Wochen musste das Licht im Schlafzimmer aufgedreht bleiben. Ich erinnere mich heute noch an diesen Traum, als ob ich ihn gestern geträumt hätte."

Wie reagierte der Schriftsteller? Stephen King: „Viele Jahre später habe ich ‚Salem's Lot' zu arbeiten begonnen. Ich wusste schon, dass die Geschichte von einem Vampir aus fremden Ländern handeln würde und dass er in einem Geisterhaus wohnen würde. Mehr nicht; da ist mir dieser Albtraum von früher eingefallen – der hat perfekt gepasst! Ich taufte diesen Toten Hobie Marsten und habe einfach den Traum als die Art, wie er sterben sollte, wiederholt. Hobie Marsten hat sich selber erhängt. Er ist eine Art schwarzer Magier, der im Elend stirbt und lebt. In meinen Geschichten verwende ich Träume einerseits als Spiegel dessen, was einem sonst verborgen bleibt, und andererseits als eine Art Geschichtenbeschleuniger. Teil meiner Arbeit als Schriftsteller ist, wach zu träumen."

Das Traumland erweist sich derart als ein Eldorado schöpferischer Fantasie des verborgenen Selbst. Es ist ein Laboratorium unserer Seele. Ingrid Riedel rühmt (in *Träume*): „Träume enthalten tiefes Wissen aus der Brunnenstube unserer Psyche."

Nietzsches Morgentraum
Kühner Segler, Windsbraut

Der Drang zur Selbstverwirklichung wird insbesondere durch unsere Träume wirksam. Diese transportieren Botschaften aus der Tiefe der Seele an das bewusste Ich des Träumers und regen ihn dazu an, die Impulse auch im Wachleben wirksam werden zu lassen.

Dieter Schnocks
Was unsere Träume sagen wollen. Botschaften aus dem Raum der Seele (2007)

In der hohen Schule des Traumes erfahren wir viel über uns. Ich selbst hatte am Anfang des Jahres, als ich dieses Traumbuch schrieb, einen Albtraum: Ich stehe am Rednerpult in einem Universitätshörsaal. Ich soll eine Vorlesung über Philosophie und Psychotherapie vor Medizinstudenten halten. Die von mir geschätzte Professorin und Psychoanalytikerin Verena Kast steht neben mir. Sie hat mir diese Gastprofessur verschafft. Ich beginne „con brio", mit Feuer. Ich bin aber zugleich ängstlich. Werde ich es packen? Dann, nach knapp drei Minuten, buhen alle Studenten unisono. Sie rufen: „Raus! Raus! Raus!" Verstört räume ich das Podium und verlasse den Saal. Verena versucht mich zu trösten. „Das hat nichts mir dir zu tun", sagt sie. Ich glaube es nicht. Ich habe es doch geahnt, dass das alles eine Nummer zu groß für mich ist, denke ich. Ich bin bis auf das Mark meiner Seele beschämt. Da tritt vor dem Saal der Dekan der Medizinischen Fakultät auf uns zu. Er sagt: „Die Studenten streiken. Sie boykottieren *alle* Vorlesungen aus politischen Gründen. Es geht ihnen um die Abschaffung der kürzlich eingeführten Studiengebühren." Ich fühle mich unsäglich erleichtert.

Der Albtraum und sein versöhnliches Ende führten mir einiges vor Augen. Ich hatte tatsächlich im April des gleichen Jahres vor Medizinern eine philosophisch-psychotherapeutische Vorlesung übernommen, und zwar auf Einladung von Verena Kast. Insgeheim fürchtete ich mich davor. Das hatte etwas mit tief sitzenden Minderwertigkeitskomplexen gegenüber Medizinern zu tun: In meiner Ärztefamilie galten Mediziner als die Krone der Schöpfung und ich armer Geisteswissenschaftler eher als moralischer Sozialfall. Der Traum half mir, mein Selbstbewusstsein zu stärken. Ich habe, wie mir die Evaluationsbögen meiner Veranstaltung später zeigten, meine Sache vor den Internisten, Frauen-, Haut-, Kinder- und HNO-Ärzten ordentlich gemacht.

Träume erweisen sich häufig als Problemlösungen. In der Traumforschung begegnet man immer wieder zwei hervorragenden Beispielen, nämlich den Wissenschaftlern Kekulé und Dement. August Kekulé sann über die Struktur von Benzol nach. Er soll sie 1890 in einem Traum als ringförmig erkannt haben. Er schildert es (zitiert nach Holzinger, *Anleitung zum Träumen*) so: „Während meines Aufenthaltes in Gent in Belgien bewohnte ich elegante Junggesellenzimmer in der Hauptstraße. Mein Arbeitszimmer aber lag nach einer engen Seitengasse und hatte während des Tags kein Licht. Für den Chemiker, der die Tagesstunden im Laboratorium verbringt, war dies kein Nachteil. Da saß ich und schrieb an meinem Lehrbuch; aber es ging nicht recht; mein Geist war bei anderen Dingen. Ich drehte den Stuhl nach dem Kamin und versank in Halbschlaf. Wieder gaukelten die Atome vor meinen Augen. Kleinere Gruppen hielten sich diesmal bescheiden im Hintergrund. Mein geistiges Auge, durch wiederholte Gesichte ähnlicher Art geschärft, unterschied jetzt größere Gebilde von mannigfacher Gestaltung. Lange Reihen, vielfach dichter zusammengefügt; alles in Bewegung, schlangenartig sich windend und drehend. Und siehe, was war das? Eine der Schlangen erfasste den eigenen Schwanz (Ringstruktur – M. J.), und höhnisch wirbelte das Gebilde vor meinen Augen. Wie durch einen Blitzstrahl erwachte ich; auch diesmal verbrachte ich den Rest der Nacht, um die Konsequenzen der Hypothese auszuarbeiten."

William Dement war ein Schlaf- und Traumforscher der ersten Stunde. Er war nikotinsüchtig. Was er erlebte, könnte manchen Kettenraucher zum Nachdenken bringen: „Vor einigen Jahren war ich starker Raucher, bis zu zwei Päckchen Zigaretten pro Tag. Dann hatte ich eines Nachts einen ausnehmend lebhaften und realistischen Traum, in dem ich unter einem nicht mehr operierbaren Lungenkrebs litt. Ich erinnere mich daran, als ob es gestern gewesen wäre, wie ich auf einen seltsamen Schatten in dem Röntgenbild meiner Lunge schaute und sah, dass der ganze rechte Lungenflügel betroffen war. Die nachfolgende körperliche Untersuchung, in der ein Kollege viele Metastasen verstreut im Lymphsystem fand, war ebenfalls sehr lebhaft. Zum Schluss spürte ich unglaubliche Qualen, dass mein Leben bald zu Ende sein wird, dass ich nie meine Kinder aufwachsen sehe und dass nichts von dem geschehen wäre, wenn ich damals das Zigarettenrauchen aufgegeben hätte, als ich zum ersten Mal von dessen krebserzeugendem Potenzial erfahren hatte. Ich werde nie die Überraschung, Freude und wahnsinnige Erleichterung vergessen, als ich aufgewacht bin. Ich fühlte mich wie neu geboren. Es ist unnötig zu sagen, dass diese Erfahrung ausgereicht hat, um mich komplett vom Rauchen wegzubringen."

Es ist die Qual des Albtraums, die ihn gleichzeitig so fruchtbar machen kann. Der österreichische Dichter Nikolaus Lenau (1802–1850) sagt es dramatisch:

Furchtbar zuweilen ist des Traumes Macht;
Er ängstigt, schmerzt, erschüttert, droht,
Und wenn der Schläfer nicht erwacht
Im Augenblick, im nächsten wär er tot.

In der Märchensammlung *Tausend und eine Nacht* liest man an einer Stelle: „Die Wahrheit liegt nicht in einem Traum, sie liegt in vielen." Das liegt nahe, weil Träume Entwicklungshelfer sind und Entwicklung immer wieder neu ansetzt. Iris (57), Leiterin eines Unternehmens, hat dies in mehreren Träumen in verschiedenen Abschnitten erlebt. Ihr erster Traum führte bis in die Kindheit zurück. Hören wir Iris: „Durch einen fremdverschuldeten Autounfall verlor ich plötzlich meine Mutter. Es gelang mir über sehr lange Zeit nicht, mit dieser schrecklichen Situation fertig zu werden. Bei einem so unerwarteten Tod ist kein Abschied möglich, kein letztes Wort, kein Dank für alles, was man Gutes erfahren hat. Meine Welt geriet aus den Fugen. Nach zwei Jahren und langen geduldigen Gesprächen mit einem erfahrenen Arzt fasste ich wieder neuen Lebensmut. Er schlug mir vor, meine Träume sofort nach dem Erwachen aufzuschreiben. Einer ist mir in guter Erinnerung.

Als Kind war ich von einem Pferd gestürzt und hatte seitdem bis ins Erwachsenenalter Angst vor Pferden. Gegen Ende der Therapie träumte ich von einem Schimmel. Er galoppierte mit wehender Mähne auf mich zu. Ich rannte einige Schritte mit, klammerte mich dann am Hals des Tieres fest, schwang mich mit einem gewaltigen Sprung auf seinen Rücken und sprang über Hürden und Zäune in die Freiheit."

Iris erlebt hier eine Wohltat, über die auch Goethe in seinen Gesprächen mit Eckermann berichtet: „Ich habe in meinem Leben Zeiten gehabt, wo ich mit Tränen einschlief; aber in meinen Träumen kamen nun die lieblichsten Gestalten, um mich zu trösten und zu beglücken, und ich stand am andern Morgen wieder frisch und froh auf den Füßen."

Dass Träume in ihren absurden Details auch witzig sein können, erfuhr Iris Jahre später in einem weiteren Traum. Iris: „In einer schwierigen beruflichen Phase – Aufbauarbeit im Betrieb, finanzielle Sorgen – hatte ich wiederholte Male folgenden Traum: Mit einem roten Mercedes fuhr ich auf der Autobahn. Jedes Mal war eine Unterführung nicht passierbar, sondern mit Geröll und Sand zugeschüttet. Ein Durchkommen war unmöglich. Ich stieg aus dem Auto, faltete den Wagen zusammen, klemmte ihn mir unter den Arm, überquerte das Trümmerfeld, baute das Auto auf der dahinter liegenden freien Strecke wieder auf und konnte ungehindert weiterfahren.

In einem späteren Träum hatte sich der Geröllhaufen in einen wunderschönen grün bewachsenen Berg verwandelt. Blumen und mehrere Stellen mit klarem Quellwasser erfreuten und erfrischten mich. Nachdem ich mich ausgeruht hatte, setzte ich diesmal die Fahrt ungehindert mit dem Auto fort." Iris identifizierte sich mit dem Auto als ihrem bewegten Ich und entschlüsselte das Symbol des Trümmerfeldes als die Sperrbrocken auf ihrem beruflichen Weg. „Die Träume entsprachen der damaligen Realität. Alle Hindernisse waren irgendwann aus dem Weg geräumt. Der Betrieb überstand alle Probleme unbeschadet, das Geschäft floriert besser denn je."

Exploration, *Einsicht* und *Umsetzen* des Traumes realisierte Iris geradezu lehrbuchhaft nach dem dritten Traum. Der stellte eine Reaktionsbildung auf einen schweren physisch-seelischen Zusammenbruch in Folge ihres extrem stressigen Berufslebens dar. Iris: „Über lange Jahre stand ich im Beruf unter höchster Anspannung und Leistungsdruck. Dazu Mobbing im Betrieb. Private Belastungen. Plötzlicher Tod der einzigen geliebten Schwester. Angstattacken und Schlafstörungen stellten sich ein, Schmerzen in der Herzgegend. Es war ein verschleppter Herzinfarkt. Der Arzt diagnostizierte: ‚Sie sind schwer herzkrank.' Todesängste besetzten mich und wechselten mit Resignation. ‚Warum', so fragte ich mich, ‚sollte ich überhaupt noch auf die Intensivstation, wenn ich doch sowieso nur eine geringe Lebenserwartung zu vergegenwärtigen hatte?'

Dem zweiten Eingriff im Operationssaal folgte ein grauenhafter Traum. In einem Raum, der fast einer Höhle glich, saß mein vor fünfunddreißig Jahren verstorbener Vater auf einem durch ein Podest erhöhten Sessel. Er drohte mir, mich endgültig umzubringen. Am Rande des Raumes standen mein Mann, mein Sohn und andere Unbekannte. Sie konnten mir aber nicht helfen. Mein Vater füllte den Raum immer stärker aus. Ich bekam kaum noch Luft.

In meiner Not griff ich zu einer Schere und schnitt in eine Blechdose zahllose scharfe, sehr schmale Ringe, die ich mir über die rechte Hand zog. Mit meiner Faust stieß ich die messerscharfe Waffe meinem Vater in den Mund und die Speiseröhre bis in den Magen. Meine Faust bewegte sich in rasender Geschwindigkeit wie ein Pumpwerk immer wieder vom Mund zum Magen und zurück. Blutüberströmt und röchelnd sackte mein Vater zusammen. Ich hatte ihn besiegt. Er konnte mir nichts mehr tun.

Schweißüberströmt mit irrwitzigem Herzklopfen hörte ich ein Geräusch. Ich drehte mich um und wurde wach. Das Geräusch kam vom Waschbecken, an dem sich eine Mitpatientin die Hände wusch."

Der Träumer selbst ist der beste Interpret seiner Nachtschöpfung. Iris fragte sich: „Warum begegnet mir mein seit Jahrzehnten verstorbener Vater? Als ich sechs Wochen alt war, legte er mich in einen ungeheizten eiskalten Raum. Er konnte das Schreien nicht ertragen. Prompt bekam ich eine bedrohliche Lungenentzündung. Viele Kindheitsjahre waren überschattet von den Drohungen, Herabsetzungen und Misshandlungen durch den Vater. Oftmals war seine Haltung für uns Geschwister, aber auch für die Mutter lebensbedrohlich. Der Schritt des Vaters vor der Haustür genügte mir schon, um unter den Tisch zu kriechen oder in den Rockfalten der Großmutter zu verschwinden. Als kleines Kind litt ich bereits unter Albträumen, Atemnot und Herzbeschwerden. Die Spannung löste sich allmählich nach der Scheidung der Eltern auf. Zu diesem Zeitpunkt war ich achtzehn Jahre alt. Die Angst, umgebracht zu werden, verlor sich erst lange nach Vaters Tod.

Der Herzinfarkt versetzte mich in dieselbe Ohnmacht, der ich als Kind und auch noch als junger Mensch durch das Verhalten meines Vaters ausgeliefert war. Es war eine Ohnmacht, die mich gleichsam zerdrückte wie ein Insekt, das man zertritt. Dass ich meinen Vater im Traum auf so grausame Art tötete, darin sehe ich heute die Chance, die mir das Leben noch einmal gegeben hat. Mein Leben lang habe ich mich selbst nicht geschätzt, sondern immer nur das Bestmögliche beruflich und privat gegeben. Durch die schwere Krankheit lerne ich jetzt, dass kein Mensch auf der ganzen Welt meine Wunden heilen kann. Nur ich selbst kann mich aus dem Gefängnis befreien, das Leben lieben lernen, dem Sinn des Lebens nachspüren und ihn letztendlich finden."

Die Konstanzer Psychoanalytikerin und Theologin Ingrid Riedel hat in ihrem wunderschönen Buch *Träume. Wegweiser in neue Lebensphasen* erstmalig Träume nach dem Gesichtspunkt der Lebensalter, in denen sie geträumt wurden, zusammengestellt. Sie sind, sagt sie, im Sinn der Lebenszyklusforschung des deutsch-amerikanischen Psychologen Erik Erikson (*Der vollständige Lebenszyklus*, 1988) *Initialträume* an den Schwellen neuer Lebensabschnitte. Die Träume der Dreißiger-Schwelle dokumentieren nach Riedel das Ende der Experimentierphase des jungen Erwachsenenalters. Frauen und Männer müssen sich nunmehr vom Vater- und Mutterkomplex ablösen, die Elternbindung relativieren und selbst biologisch Mütter und Väter werden. Ihr Thema lautet *Verbindlichkeit* und *Verwirklichung*.

Der/die Vierzigjährige überschreitet die Lebensmitte. Die Frage nach der *Generativität*, der das Leben befruchtenden Zeugungsfähigkeit insgesamt, stellt sich. Renne ich im Hamsterrad sinnloser Geschäftigkeit herum oder bereichere ich mit meinem Tun mich und die Welt? Für die Frau bedeutet diese Zäsur, in der sich die Sonne des Lebens vom Zenit erstmalig abwärts zu senken beginnt, die Auseinandersetzung mit dem Verlust ihrer Empfängnisfähigkeit. Jennifer (43), Kosmetikerin, die sich vergeblich nach einem Kind gesehnt hatte, träumte, dass ihre Brüste verdorrten und der Bauch einschrumpfte. Jennifer musste erst einmal die Trauer um ihr ungelebtes Leben zulassen, um dann ein anderes „Kind" zu gebären, in ihrem Fall das ehrenamtliche Engagement für ein Heim für rumänische Straßenkinder.

Das Überschreiten der Fünfziger-Schwelle bedeutet nach Riedel, „den langsamen, aber unaufhaltsamen Alterungsprozess akzeptieren", die egozentrische Selbstliebe hinter sich zu lassen und sein eigenes Gewordensein zu akzeptieren.

An der Sechziger-Schwelle stellt sich das Problem des Alterns schärfer, aber auch das blühende Feld nachberuflicher Freiheiten. Immer wieder erzählen mir Patienten dieser Altersgruppe, wie befreit sie jetzt träumen. Evelyn (66), Internistin im Ruhestand, schilderte ihren Serientraum so: „Ich sehe mich immer wieder durch eine sommerliche Wiese laufen. Ich habe ein kurzes Röckchen wie ein Kind an und trage Zöpfe. Sie fliegen im Wind. Ich hasche nach Schmetterlingen und habe ein Honigbrot in der Hand. Ich fühle mich wie Heidi auf der Alm. Ich bin ein Kind, ausgelassen, lustig und zeitlos. O möchte diese Herrlichkeit nie enden!" So genoss Evelyn die neue pflichtentbundene Zeit.

Ingrid Riedel rühmt die Träume als die Wegbegleiter unseres Lebens. Sie resümiert abschließend: „Die Phasen des Lebens aber, die Lebensübergänge, die gerade für uns selber dran sind, zu erkennen, dazu helfen uns wie wenig anderes die Träume. Und sie zu vertiefen bedeutet, die fälligen Übergänge ernst zu nehmen und sie innerlich und symbolisch auszuschreiten. Was das Leben von Stufe zu Stufe wachsend von uns will und fordert, ist offensichtlich die Überwindung der engherzigen Egozentrik durch eine Öffnung in das größere Ganze der Mitwelt und der Innenwelt hinein, das uns fasst und trägt und schließlich die Bereitschaft ermöglicht, in dieses größere Ganze hinein aufzugehen, wozu schließlich auch das Sterben gehört."

Wie viel Fragen wären an das magische Gedicht der Lyrikerin Hilde Domin *Traum im Winter* zu richten. Wohl nur die Träumerin selbst hätte sie uns endgültig beantworten können. Dich, liebe Leserin, lieber Leser, lade ich dazu ein, diese poetische Denknuss zu knacken.

Du beugtest Dich aus dem Fenster,
ein Haus von südlichem Weiß.
Mein Bett war auf offener Straße,
ich weiß nicht, wie es war.
Du glittest die Mauer herunter,
eidechsenartig,
und leicht wie ein Kind.
Das war die Nacht eh ich abfuhr.
Ich konnte nicht fahren und fuhr.
Als ich weinte, da wandte der Zug
den Kopf zurück wie ein Pferd.

Träume, erinnert und gedeutet, vermögen uns den Blick in die gefährliche, geheimnisvolle, schöne Welt zu erweitern. Friedrich Nietzsche lässt seinen Propheten des enthusiastischen Lebens, *Zarathustra* (ebenda, *Von den drei Bösen*), in seinem Morgentraum Hoffnungsvolles sagen:

Im Traum, im letzten Morgentraume stand ich heut auf einem Vorgebirge, –
jenseits der Welt, hielt eine Waage und wog die Welt. (...) Mein Traum, ein
kühner Segler, halb Schiff, halb Windsbraut, gleich Schmetterlingen schweigsam, ungeduldig gleich Edelfalken: Wie hatte er doch zum Weltwägen heute
Geduld und Weile! (...) Wie sicher schaute mein Traum auf diese endliche Welt,
nicht neugierig, nicht altgierig, nicht fürchtend, nicht bittend: –
als ob ein voller Apfel sich in meiner Hand böte, ein reifer Goldapfel, mit kühlsanfter samtener Haut: – so bot sich mir die Welt: –
– als ob ein Baum mir winke, ein breitästiger starkwilliger, gekrümmt zur
Lehne und noch zum Fußbrett für den Wegmüden: so stand die Welt auf
meinem Vorgebirge: –
– als ob zierliche Hände mir einen Schrein entgegentrügen, – einen Schrein,
offen für das Entzücken schamhafter verehrender Augen: also bot sich mir heute
die Welt entgegen. (...)

Wie danke ich meinem Morgentraum, dass ich also in der Frühe heut die Welt wog! Als ein menschlich gutes Ding kam er zu mir, dieser Traum und Herzenströster!

Der Philosoph Ernst Bloch reiht in seinem Hauptwerk *Prinzip Hoffnung* die Träume unter die Zukunftskategorie des *Noch nicht* ein. Er sieht sie als einen „Teil auf dem riesigen Feld des utopischen Bewusstseins".

In diesem Sinn könnten Träume bei unserem Abenteuer der Individuation Stufen zum Nächsthöheren sein. Steigen wir sie, liebe Leserin, lieber Leser, hinauf. Unsere Träume können wir erst dann verwirklichen, wenn wir uns entschließen, aus ihnen zu erwachen.

Danksagung

Ich danke allen Träumerinnen und Träumern, die mir die Botschaften ihres Unbewussten zur Verfügung stellten, von Herzen. Neben Sigmund Freuds und Carl Gustav Jungs Traumforschung verdanke ich, außer zahllosen Fachpublikationen, besonders folgenden Autoren wichtige Einsichten in den magischen Kosmos der Träume:

Heidi Gideon,
Phantastische Nächte. Traumerfahrungen in Poesie und Prosa (2006)

Brigitte Holzinger,
Anleitung zum Träumen. Träume kreativ nutzen (2007)

Karin Horney,
Neurose und menschliches Wachstum. Das Ringen um Selbstverwirklichung
(4. unveränderte Neuauflage 2007)

Verena Kast,
Träume. Die geheimnisvolle Sprache des Unbewussten (2006)

Ingrid Riedel,
Träume. Wegweiser in neue Lebensphasen (1977)

Dieter Schnocks,
Was unsere Träume sagen wollen. Botschaften aus dem Raum der Seele (2007)

Michael Schredl,
Träume. Die Wissenschaft enträtselt unser nächtliches Kopfkino (2007)

Der Autor:
Mathias Jung

Geboren 1941 in Konstanz, humanistisches Gymnasium bei den Jesuiten in Feldkirch/Österreich, Abitur am Heinrich-Suso-Gymnasium in Konstanz. Studium der Philosophie, Germanistik und Pädagogik in Münster, Wien, Bonn. Engagiert in der Studentenbewegung. Promotion über Probleme des Neukantianismus.

Als Journalist bei der Friedenszeitung „Deutsche Volkszeitung" Düsseldorf und Lehrbeauftragter für Philosophie und Geschichte an der Fachhochschule Wirtschaft Düsseldorf. Freiberuflicher Publizist.

Ausbildung Gestalttherapie/Integrative Therapie bei Prof. Dr. Hilarion Petzold; Graduierung am Fritz-Perls-Institut Düsseldorf/Hückeswagen.

Ausbildung in Systemischer Paartherapie bei Dr. Hans Jellouschek/Tübingen.

Seit 1992 Einzel-, Paar- und Gruppentherapeut am Gesundheitszentrum „Dr.-Max-Otto-Bruker-Haus" in Lahnstein bei Koblenz. Vorstandsmitglied der Gesellschaft für Gesundheitsberatung GGB e. V., Kuratoriumsmitglied der Dr.-Max-Otto-Bruker-Stiftung. Mitglied des Beirats der Giordano-Bruno-Stiftung. Autor zahlreicher Bücher. Vortragsreisen in Deutschland, Österreich, Schweiz.

Die Künstlerin:
Andrea Montermann

Geboren 1969, Bertha-von-Suttner-Gymnasium Andernach, Ausbildung zur Technischen Assistentin in der Fachrichtung Gestaltung und Fachoberschule für Gestaltung an der Staatl. Glasfachschule Rheinbach, Studium für Kommunikationsdesign mit den Schwerpunkten Illustration, Freie Grafik, Werbung und Marketing an der Fachhochschule Rheinland-Pfalz, Mainz.

Seit 1995 selbstständig tätig als Grafik-Designerin und Illustratorin im Auftrag von mittelständischen Unternehmen, öffentlichen Institutionen, Freiberuflern und Verlagen mit der Erstellung von individuellen Firmenerscheinungsbildern/ Corporate-Desgns, Art-Designs, Marketingkonzepten und Illustrationen.

Als Künstlerin und Malerin seit 1994 intensive Auseinandersetzung mit der freien figurativen Malerei, regelmäßige Einzelausstellungen und Ausstellungsbeteiligungen z.B. Eifelmuseum Genovevaburg/Mayen, Arresthaus/Mayen, Kunstakademie Rheinland, AKM Koblenz, Mendiger Cafehaus, Galerie Augentrost Düsseldorf, etc.

Weiterführende Studien an der Europäischen Kunstakademie Trier bei Volker Altrichter, Dagmar Wassong und Martin Mohr, Kunstmanagement bei Kathrein Weinhold/Berlin, Studium für Freie Malerei sowie seit 2007 Masterstudiengang für Freie Kunst im artefact-Bonn.

2005 Gründung des eigenen Kunst-Labels „AndyMo".

Dipl. Designerin
Andrea Montermann
Wasserschöpp 51
56743 Mendig
www.Andrea-Montermann-Design.de
info@andrea-montermann-design.de
Tel. 0 26 52/5 15 41

Ein Verlag, ein Haus, eine Philosophie.

Millionen Bundesbürger kannten den kämpferischen Ganzheitsarzt Dr.-Max Otto Bruker (1909–2001) aus dem Fernsehen, aus Vorträgen, durch den „Mundfunk" überzeugter Patienten. Vor allem lesen sie aber die rund 30 Bücher des schwäbischen Humanisten und Seelenarztes. Mit einer Gesamtauflage von über drei Millionen Exemplaren ist Max-Otto Bruker der wohl bedeutendste medizinische Erfolgsautor im deutschsprachigen Raum. Der – in der Nachfolge des Schweizer Reformarztes Bircher-Benner scherzhaft „Deutschlands Vollwertpapst" genannte – Massenaufklärer, langjährige Klinikchef und Ernährungsspezialist lehrt zwei fundamentale Erkenntnisse Patienten wie Gesunden: Der Mensch wird krank, weil er sich falsch ernährt. Der Mensch wird krank, weil er falsch lebt.

Hinter den Erfolgstiteln des emu-Verlages steht ein bedeutender Forscher und Arzt, eine Bewegung, ein Haus und tausende Schülerinnen und Schüler. 1994 wurde das „Dr.-Max-Otto-Bruker Haus", das Zentrum für Gesundheit und ganzheitliche Lebensweise, auf der Lahnhöhe in Lahnstein bei Koblenz bezogen. Es stellt die äußere Krönung des Brukerschen Lebenswerkes dar: Der lichte Bau mit seinem Grasdach, den Sonnenkollektoren und den Wasserrecyclinganlagen, seinen Seminarräumen, dem Foyer mit der Glaskuppel und dem liebevollen Biogarten ist als Treffpunkt für all jene konzipiert, denen körperliche und seelische Gesundheit, ökologische und spirituelle Harmonie Herzensbedürfnis und Sehnsucht sind.

Hinter dem eleganten Halbmondkorpus mit dem markanten Grasdach verbirgt sich eine Begegnungsstätte für Gesundheitsbewusste, Seminarteilnehmer, Trost-, Ruhe- und Anregungsbedürftige.

Das Dr.-Max-Otto-Bruker-Haus

Feste Termine:

Jeden Dienstag, 18.30 Uhr: Vortrag Dr. phil. Mathias Jung (Lebenshilfe und Philosophie)
Jeden Mittwoch, 10.30 Uhr: Fragestunde mit Dr. Birmanns (Ärztlicher Rat aus ganzheitlicher Sicht)

Ausbildung Gesundheitsberater/in GGB
Lebensberatung/Frauen-, Männer- und Paargruppen

Die vitalstoffreiche Vollwertkost hat ihre Verbreitung, auch im klinischen Bereich, durch die unermüdliche Information und praktische Durchführung von Dr. M. O. Bruker gefunden. Um die Erkenntnisse gesunder Lebensführung und die durch falsche Ernährung provozierte Krankheitslawine ins öffentliche Bewusstsein zu rücken, bildet die von ihm 1978 gegründete „Gesellschaft für Gesundheitsberatung GGB e. V." Gesundheitsberaterinnen und Gesundheitsberater GGB aus. Über 4000 Frauen und Männer haben bislang die berufsbegleitende Ausbildung bestanden und wirken in Volkshochschulen, Bioläden, Lehrküchen, Krankenhäusern, ärztlichen Praxen, Krankenversicherungen und ähnlichen Bereichen.

Auf der Lahnhöhe erhalten sie durch das GGB-Expertenteam nicht nur eine sorgfältige Grundlagenausbildung über die vitalstoffreiche Vollwerternährung und den Krankmacher der „entnatürlichten" (denaturierten) Zivilisationsernährung (raffinierter Fabrikzucker, Auszugsmehle, fabrikatorische Öle und Fette, tierisches Eiweiß usw.), sondern gewinnen auch Einblick in die leib-seelischen Zusammenhänge der Krankheiten.

Anfragen zur Gesundheitsberater-Ausbildung, Koch- und Backkursen, Gesundheitswochen, Kneipp- und Fastenkuren sowie zu den Selbsterfahrungsgruppen, Lebensberatung, Paartherapie und Psychotherapie bei Dr. Mathias Jung und weiteren Tages- und Wochenendseminaren, Einzelberatung sind zu richten an die
Gesellschaft für Gesundheitsberatung GGB e. V.,
Dr.-Max-Otto-Bruker-Str. 3,
56112 Lahnstein,
Tel.: 02621/ 917010, 917017, 917018, Fax:-02621/917033,
E-Mail: seminare@ggb-lahnstein.de,
Internet: www.ggb-lahnstein.de

Fordern Sie ebenfalls ein kostenloses Probe-Exemplar der Zeitschrift „Der Gesundheitsberater" an.

Von Dr. Jung sind im emu-Verlag bisher in der „blauen Reihe" erschienen:

  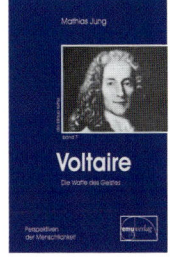 

Von Dr. Jung sind im emu-Verlag bisher in der „roten Reihe" erschienen:

Von Dr. Jung sind im emu-Verlag bisher in der „gelben Reihe" erschienen:

Von Dr. Jung sind im emu-Verlag bisher in der Sprechstunden-Reihe erschienen:

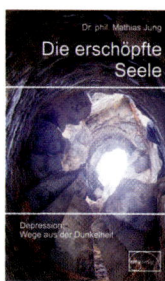  

Von Dr. Jung sind in Zusammenarbeit mit Andrea Montermann (Illustrationen) folgende Titel erschienen:

Von Dr. Jung ist folgende Bibelinterpretation nach Walther H. Lechler erschienen:

Von Dr. Jung sind im emu-Verlag folgende Vorträge als Audiokassetten bzw. CDs erschienen:

Lebensberatung

- Mein Charakter – mein Schicksal?*
- Depression als Chance
- Das Verdrängte in unserer Seele
- Die Wunde der Ungeliebten
- Das Nein in der Liebe
- Was ist der Sinn des Lebens?
- Unsere Sprache – Wie redest du eigentlich mit mir?
- Söhne brauchen Väter
- Krankheit als Kränkung und Anpassung
- Eifersucht – ein Schicksalsschlag?*
- Der Mann – ein emotionales Sparschwein*
- Geschwisterliebe – Geschwisterrivalität*
- Verlassen und verlassen werden
- Neurodermitis – Fehlernährter Körper – Aufgekratzte Seele
- Das sprachlose Paar*
- Zweite Lebenshälfte – Endlichkeit und Aufbruch
- Das Drama der Trennung*
- Ein Zimmer für mich
- Mut zur Angst
- Sexualität – Lust und Last
- Außenbeziehung – Krise oder Chance
- Liebesverträge in der Beziehung
- Lob der Einsamkeit
- Aggressionen unter Liebenden
- Mehr Zeit für mich
- Alkoholkrank: Der Betroffene und seine Familie
- Lebensbedingte Krankheiten nach Dr. M. O. Bruker
- Meditation: Freude – Angst – Hoffnung
- Alter und Tod. Rätsel der Natur
- Verzeihen und Versöhnen*
- Frieden mit den Eltern
- Das Paar im Wandel: Jugend, Mitte, Alter
- Sexueller Missbrauch
- Seele – Sucht – Sehnsucht*
- Organtransplantation – Sterben auf Bestellung?
- Humor und Zärtlichkeit
- Suizid – der Betroffene und die Angehörigen
- Übergewicht – der Kampf mit dem eigenen Körper
- Das Rätsel psychosomatischer Krankheiten*
- Träume – Botschaften des Unbewussten
- Das Geheimnis der Partnerwahl

Märchen

- Der kleine Prinz – mein verschüttetes Ich*
- Froschkönig – Glück und Zähneklappern der Liebe
- Das verletzte Kind in mir oder Hans mein Igel*
- Sein und Schein oder Des Kaisers neue Kleider
- Schneewittchen oder Das Drama des Neides
- Siddharta: das Rätsel des Lebens*
- Eisenhans oder Wie ein Mann ein Mann wird
- Das tapfere Schneiderlein oder Mut zum Leben
- Eigensinn oder Die Möwe Jonathan
- Elternablösung – Hänsel und Gretel*
- Außenseiter – Das hässliche Entlein*

* auch als CD erhältlich

- Befreiung der Weiblichkeit – Das Märchen Blaubart*
- Tödliches Schweigen – Der Fischer und seine Frau
- Schneewittchen – der Mutter-Tochter-Konflikt
- Dornröschen – Das Erwachen zur Frau*
- Das kalte Herz – ein Männermärchen*

Philosophie

- Sokrates oder Die Norm meines Gewissens
- Seneca oder Die Freude des Augenblicks
- Augustinus oder Der Zwiespalt
- Giordano Bruno oder Die neue Welt
- Montaigne oder Das Leben als Meisterstück
- Descartes oder Der Januskopf der Wissenschaft
- Spinoza oder Das Abenteuer der Diesseitigkeit
- Hobbes oder Die Zähmung der Bestie Mensch
- Leibniz oder Die Beste aller Welten
- Hume oder Das Ende des dogmatischen Schlummers
- Voltaire oder Die Waffe des Geistes
- Kant oder Die Mündigkeit
- Hegel oder Der Fortschritt
- Feuerbach oder Die Sache mit Gott
- Marx oder Die Entfremdung des Menschen
- Schopenhauer oder Die Qual des Seins
- Nietzsche oder Die Hymne auf das Leben
- Heidegger oder Die Angst
- Jaspers oder Die Weltphilosophie
- Hannah Arendt oder Vom tätigen Leben
- Bloch oder Das Prinzip Hoffnung
- Popper oder Die offene Gesellschaft
- Sartre oder Die Freiheit

Literatur

- Lessing – die Toleranz
- Wieland – die Aufklärung
- Goethe – Dichtung und Wahrheit
- Schiller – der Atem der Freiheit
- Jean Paul – Humor und Menschenliebe
- Hölderlin – Griechenland mit der Seele suchen
- Kleist – die Zerrissenheit des Menschen
- Novalis – die blaue Blume der Romantik
- Eichendorff – Posthorn und Waldesrauschen
- Hauff – Die Magie des Märchens
- E. T. A. Hoffmann – Die Elixiere des Teufels
- Heine – Denk ich an Deutschland in der Nacht

ISBN 978-3-89189-172-8
1. Auflage 2008
Illustrationen: Andrea Montermann
Umschlaggestaltung: Andrea Montermann
Umschlagfoto: Martin Gutjahr-Jung
Inhaltliche Gestaltung/Layout: Andrea Montermann und Martin Gutjahr-Jung
© 2008 by emu Verlags- und Vertriebs GmbH, 56112 Lahnstein
Alle Rechte, auch die des auszugsweisen Nachdrucks, der fotomechanischen oder digitalen Wiedergabe und der Übersetzung vorbehalten.
Gesamtherstellung: Kösel, Krugzell